Les nouveaux principes de l'urbanisme

La collection *l'Aube poche essai*
est dirigée par Jean Viard

www.aube.lu

ISBN : 2-87678-992-2

François Ascher

Les nouveaux principes de l'urbanisme

éditions de l'aube

Du même auteur :

Chez le même éditeur

La République contre la ville. Essai sur l'avenir de la France urbaine, 1998

Ces événements nous dépassent, feignons d'en être les organisateurs. Essai sur la société contemporaine, 2001

En collaboration :

Les territoires du futur, 1993

Le logement en questions. Continuités et ruptures (coord.), 1995

Quand les transports deviennent l'affaire de la cité, 1999

Modernité : la nouvelle carte du temps, 2003

Chez d'autres éditeurs

Métapolis, ou l'avenir des villes, éd. Odile Jacob, 1995

En collaboration :

Fabriquer la ville. Outils et méthodes. Les aménageurs proposent, la Documentation française, 2001

Introduction

La société contemporaine se transforme vite et, emportés par cette évolution, nous mesurons parfois mal combien ont changé, en très peu de temps, les objets dont nous nous servons, les manières dont nous agissons, les façons dont nous travaillons, nos relations familiales, nos loisirs, nos mobilités, les villes où nous vivons, le monde qui nous environne, nos connaissances, nos espoirs, nos craintes…

Dans le domaine de l'urbanisme, nous percevons d'autant plus difficilement les changements que le cadre bâti évolue lui-même relativement lentement et que les constructions neuves réalisées chaque année représentent moins d'un pour cent du parc existant. De plus, nous sommes particulièrement attachés aux lieux les plus anciens et nous avons souvent le sentiment qu'ils offrent plus d'urbanité que ceux que la société produit aujourd'hui. De fait, nous sommes inquiets des formes que prennent les villes et des risques de toutes sortes qu'elles semblent engendrer, socialement et environnementalement.

Toutefois, beaucoup d'indices et d'analyses laissent à penser que les transformations de notre société en général et des villes en particulier n'en sont qu'à leurs débuts. Les sociétés occidentales sont en effet en mutation et entrent dans une nouvelle phase de la modernité qui voit évoluer profondément les manières de penser et d'agir, les sciences et les techniques, les relations sociales, l'économie, les inégalités sociales, les formes de la démocratie. Ces mutations impliquent et rendent nécessaires des changements importants dans la conception, la production et la gestion des villes et des territoires ; elles mettent à l'ordre du jour une nouvelle révolution urbaine moderne, la troisième après celle de la ville classique et celle de la ville industrielle.

La société doit donc se doter d'instruments nouveaux pour essayer de maîtriser cette révolution urbaine, d'en tirer parti, d'en limiter les dégâts éventuels. Cela nécessite en particulier un nouvel urbanisme, en phase avec les enjeux et les manières de penser et de faire de cette troisième modernité.

L'objet de ce livre est de contribuer à l'explicitation des défis majeurs auquel est confronté ce nouvel urbanisme, et à la formulation de quelques principes sur lesquels il pourrait être conçu.

Dans une première partie, nous mettrons en évidence les liens structurels qui articulent les villes et les sociétés modernes, les révolutions urbaines et les types d'urbanisme qu'elles ont engendrés lors des deux premières phases de la modernité. Dans les deuxième et troisième parties, nous analyserons les principaux caractères de la nouvelle modernité qui s'esquisse, et les traits majeurs de la révolution urbaine qu'elle provoque et sur laquelle elle s'appuie. Enfin, nous exposerons dans la quatrième partie, dix enjeux majeurs et nous esquisserons quelques principes à développer pour essayer d'y répondre.

I
Urbanisation et modernisation

Ville et société : une corrélation étroite

On peut définir les villes comme des regroupements de populations ne produisant pas elles-mêmes leurs moyens de subsistance alimentaire. L'existence des villes suppose donc, dès leur origine, une division technique, sociale et spatiale de la production, et implique des échanges de natures diverses entre ceux qui produisent les biens de subsistance et ceux qui produisent des biens manufacturés (artisans), des biens symboliques (les prêtres, les artistes, etc.), le pouvoir et la protection (les guerriers). La dynamique de l'urbanisation est liée au potentiel d'interactions qu'offrent les villes, à leur « urbanité », c'est-à-dire à la puissance multiforme qu'engendre le regroupement de grandes quantités de populations dans un même lieu.

La croissance des villes a été corrélée tout au long de l'histoire avec le développement des moyens de transport et de stockage des biens nécessaires pour approvisionner des quantités de populations de plus en plus importantes, quelles que soient les saisons. Elle a été également corrélée avec les techniques de transport et de stockage des informations nécessaires à l'organisation de la division du travail et des échanges, comme en atteste la naissance conjointe de l'écriture et de la comptabilité. Enfin, la taille des villes a dépendu des moyens de transport et de « stockage » des personnes, en particulier des techniques de construction en hauteur, de gestion urbaine des flux et des approvisionnements (voiries, égouts, eau, etc.), ainsi que des exigences de protection et de contrôle.

L'histoire des villes a été ainsi rythmée par l'histoire des techniques de transport et de stockage des biens (b), des informations (i) et des personnes (p). Ce système des mobilités, que nous appelons « système bip », est au cœur des dynamiques urbaines, de l'écriture à Internet, en passant par la roue, l'imprimerie, le chemin de fer, le télégraphe, le béton armé, l'appertisation, la pasteurisation et la réfrigération, le tramway, l'ascenseur, le téléphone, l'automobile, la radiophonie, etc. L'extension horizontale et verticale des villes a été rendue possible par l'invention et la mise en œuvre de ces techniques.

Les formes des villes, qu'elles aient été pensées spécifiquement ou qu'elles aient résulté plus ou moins spontanément de dynamiques diverses, cristallisent et reflètent les logiques des sociétés qu'elles abritent. Ainsi, la conception des villes antiques exprimait plus particulièrement les préceptes religieux et militaires qui constituaient les « justifications » premières des villes et des groupes sociaux qui les habitaient. Dans un monde peu sûr, les villes médiévales s'étaient retranchées derrière des murailles et s'étaient organisées par corporations autour de la place du marché, des beffrois et des clochers, exprimant spatialement dans une très grande imbrication, les solidarités et dépendances qui caractérisaient les populations citadines au sein des sociétés féodales. Puis, le développement des sociétés modernes a progressivement imprimé de nouvelles logiques à la conception et au fonctionnement des villes.

Agir aujourd'hui sur l'urbanisme nécessite donc une compréhension fine des logiques à l'œuvre dans la société contemporaine.

Les évolutions de longue durée de la société moderne

Il est d'usage de caractériser les sociétés occidentales contemporaines par le qualificatif de « moderne » pour les distinguer à la fois d'un passé plus ou moins lointain, et d'autres sociétés fonctionnant sur des registres différents. Mais cette notion est assez floue et d'un usage mal commode, voire ambigu. Ainsi, il est difficile de dater l'avènement des « temps modernes » qui se sont installés progressivement et différemment dans les divers pays de l'Ouest européen, puis en Amérique. La notion de modernité a aussi été utilisée dans des contextes et dans des perspectives qui la rendent parfois suspecte d'abriter un projet hégémonique de l'Occident, ou coupable de porter des ambitions trop étroitement fonctionnalistes dont on a éprouvé les dégâts, notamment dans l'urbanisme.

De fait, il est plus juste de parler de « modernisation », car la modernité n'est pas un état, mais un processus de transformation de la société. On pourrait même dire que ce qui différencie les sociétés modernes des autres sociétés, c'est que le changement est leur principe essentiel. Certes, beaucoup d'autres sociétés ont connu et connaissent des évolutions ; elles ont des histoires ; mais elles ne s'organisent pas en mettant au cœur de leur dynamique de fonctionnement, le changement, le progrès, le projet. Bien au contraire, c'est la tradition qui constitue leur principe essentiel, et la référence au passé qui fonde généralement leurs représentations de l'avenir.

Les composantes de la modernisation

La modernisation est un processus qui a émergé bien avant les temps que l'on qualifie de modernes. Il résulte de l'interaction de trois dynamiques socio-anthropologiques dont on trouve des traces dans diverses sociétés, mais qui, en entrant en résonance en Europe au cours du Moyen Âge, ont produit les sociétés modernes : l'individualisation, la rationalisation et la différenciation sociale.

On peut définir l'individualisation d'abord comme la représentation du monde non à partir du groupe auquel appartient l'individu, mais à partir de sa personne propre. L'usage dans le parler du « je » à la place du « nous », ou encore l'invention de la perspective, qui se sont imposés progressivement à la fin de Moyen Âge, illustrent parfaitement ce processus d'individualisation. On parle également d'individuation, pour exprimer les logiques d'appropriation et de maîtrise individuelles qui ont progressivement pris le pas sur les logiques collectives. Ainsi, les sociétés modernes séparent et assemblent des individus et non des groupes.

La rationalisation consiste en un remplacement progressif de la tradition par la raison dans la détermination des actes. La répétition fait place aux choix. Ceux-ci supposent des préférences et des projets, individuels et collectifs ; ils utilisent les connaissances issues de l'expérience, les savoirs scientifiques, et mobilisent des techniques. La rationalisation est une forme de « désenchantement du monde », car elle impute aux actions humaines et aux lois naturelles ce qui était autrefois attribué aux dieux.

La différenciation sociale est un processus de diversification des fonctions des groupes et des individus au sein d'une même société. Elle est largement animée par le développement de la division technique et sociale du travail qui résulte elle-même de la dynamique de l'économie marchande. La différenciation produit de la diversité et des inégalités entre des groupes et des individus, et engendre une société de plus en plus complexe.

Ces trois processus s'alimentent réciproquement et produisent des sociétés de plus en plus différenciées, formées par des individus à la fois plus semblables et plus singuliers, aux choix plus complexes.

Certes, individualisation, rationalisation et différenciation ne sont pas en tant que telles, propres à la modernité ; mais c'est leur combinaison qui, dans des circonstances historiques particulières, a enclenché la dynamique de la modernisation, comme une bifurcation dans laquelle s'est engagé le « monde occidental » aux alentours de l'an 1000. Aucune société auparavant n'avait connu cette conjonction et n'était entrée dans cette spirale de « développement » spécifique de la modernité.

Les premières phases de la modernisation

Si la modernité n'est pas un état, la modernisation n'est pas non plus un processus continu et il est possible de distinguer trois grandes phases.

La première phase recouvre à peu près la période qualifiée habituellement de Temps modernes et court de la fin du Moyen Âge au début de la révolution industrielle. Elle voit se transformer la pensée et la place de la religion dans la société, s'émanciper le politique et émerger l'État-nation, se développer les sciences, et se répandre progressivement le capitalisme marchand puis manufacturier. On peut qualifier cette phase de « première » ou « haute modernité ».

La seconde phase est celle de la révolution industrielle, qui voit la production des biens et des services basculer pour une très large part sous la dépendance des logiques capitalistes, la pensée technique prendre une place centrale dans la société, et se constituer les États-Providence. C'est la « seconde » ou « moyenne modernité ».

À chacune de ces époques, ont correspondu des modes de pensée et de création, des acteurs dominants et des conceptions du pouvoir, des représentations de la société, des critères d'efficacité, des formes d'organisation, et bien sûr des principes et des modes de conception et d'organisation des territoires. L'installation de la première et de la seconde modernité s'est effectuée progressivement, mais l'ampleur des bouleversements dans les diverses sphères de la société a provoqué des crises de toutes sortes, économiques, sociales, politiques, religieuses. La conception, la construction et le fonctionnement des villes n'ont pas échappé à ces transformations et à ces crises.

Les deux premières révolutions urbaines modernes

La ville de la Renaissance et des Temps modernes

La première modernité a engendré une véritable révolution urbaine. La ville médiévale fait place à une ville « classique » dans laquelle le nouveau pouvoir d'État se met monumentalement en scène, s'offre par la perspective au regard de l'individu, trace des avenues, des places et des jardins urbains qui tranchent avec l'entremêlement des ruelles, des venelles et des jardins potagers, recule et transforme les remparts, redéfinit et sépare le public du privé, les espaces intérieurs et extérieurs, leur affecte des fonctions, invente les trottoirs et les vitrines. Le mouvement prend une place grandissante, les rues s'élargissent et se différencient fonctionnellement et socialement, les villes s'étendent, les faubourgs prolifèrent, agglomérant de façon nouvelle populations et activités. L'architecture se constitue parallèlement comme une discipline moderne, c'est-à-dire relevant d'un champ spécifique, intégrant des valeurs et des techniques nouvelles, quitte à puiser dans les références antiques, mais en se donnant aussi des libertés nouvelles, notamment avec le baroque.

Cette première ville est moderne parce qu'elle est conçue rationnellement pour des individus différenciés. Les références éventuelles de ses concepteurs à la tradition ne sont pas des actes de répétition, mais relèvent de choix rationnels aux motivations diverses. Elle exprime l'instauration de l'État-nation, la dilatation des territoires, la mobilisation des nouvelles sciences et techniques, l'autonomie naissante des individus. Cette ville est aussi moderne parce qu'elle est projet; elle cristallise l'ambition de définir l'avenir, de maîtriser le futur, d'être le cadre spatial d'une société nouvelle; elle est dessin d'un dessein. De fait, elle donnera naissance aux utopies qui en sont des formes limites.

La ville de la révolution industrielle

La seconde révolution urbaine a commencé avec la révolution agricole qui a augmenté la production alimentaire mais a chassé des campagnes de très grandes quantités de paysans, et avec le développement concomitant du capitalisme industriel. Ce double processus a provoqué une extraordinaire poussée démographique dans les villes, entraînant une croissance spatiale accélérée, mais engendrant aussi une paupérisation importante d'une partie des populations urbaines.

C'est dans ce contexte qu'ont émergé progressivement de nouvelles conceptions des villes, marquées fondamentalement par les mêmes logiques que celles qui régissaient le monde industriel devenu dominant. L'urbanisme moderne (le mot « urbanisme » lui-même apparaît sous des formes diverses au tournant du XIXe et du XXe siècle), décline en fait, dans le champ de l'organisation des villes, les principes qui ont été mis en œuvre dans l'industrie. La notion clé est la spécialisation : le taylorisme la systématisera dans l'industrie où il s'agira de décomposer et de simplifier les tâches pour rendre leur exécution plus performante. L'urbanisme moderne la mettra en œuvre dès la fin du XIXe siècle sous la forme du zonage, que par la suite Le Corbusier et la Charte d'Athènes pousseront à l'excès.

Dans la ville de la révolution industrielle, la mobilité des personnes, des informations et des biens prend également une place nouvelle et plus importante. La première nécessité est en effet d'adapter les villes aux exigences de la production, de la consommation et de l'échange marchands. Cela requiert un maillage par de larges voies de circulation desservant notamment les gares et les grands magasins, et par toute une série de réseaux pour l'eau, l'assainissement, l'énergie (gaz, électricité, vapeur), l'information (télégraphe, téléphone, pneumatiques).

Les exigences de croissance et de fonctionnement des villes ont ainsi engendré une forte mobilisation scientifique et technique pour accroître les performances dans le transport et le stockage des biens, des informations et des personnes. L'électricité en particulier joua un rôle décisif dans la libération des potentialités d'extension des villes, verticalement avec les ascenseurs, horizontalement avec le tramway, le télégraphe et le téléphone, puis le moteur à explosion.

La différenciation sociale s'inscrivit aussi autrement dans l'espace : avec les ascenseurs, les pauvres descendirent dans les étages inférieurs tandis que les riches montaient dans les étages ensoleillés ; puis, avec le développement des transports collectifs et des tramways, se formèrent des quartiers résidentiels pour les couches aisées, et des faubourgs industriels pour les usines et les ouvriers. Là encore, le rôle des transports urbains fut décisif pour rendre possible la dilatation des territoires urbains et leur recomposition à une échelle élargie.

Plus tard, l'automobile individuelle et l'électroménager inscrivirent le fordisme, c'est-à-dire le système combiné de la production et de la consommation de masse, plus nettement dans l'espace urbain, avec les grands ensembles d'habitat social ou de maisons individuelles, les hypermarchés et les infrastructures autoroutières. Le quatuor voiture-frigo-aspirateur-machine à laver fut ainsi au cœur des transformations urbaines, en rendant possible le travail féminin salarié, l'approvisionnement hebdomadaire et l'allongement des déplacements. Les quartiers monofonctionnels des périphéries urbaines actuelles en sont l'expression.

Le développement de l'État-providence et de divers services publics a contribué également à structurer les villes par leur maillage en lignes de transports collectifs, en écoles, hôpitaux, bains-douches, bureaux de poste, équipements sportifs, etc. De plus, les pouvoirs publics ont été conduits à agir de plus en plus directement dans le champ de l'urbanisme comme dans le champ économique et social, notamment pour faire face aux insuffisances, incohérences et dysfonctionnements des logiques privées et des marchés, en particulier dans les domaines fonciers et immobiliers. Ils ont ainsi créé toutes sortes de structures et de procédures pour « planifier » plus rationnellement les villes, voire le plus scientifiquement possible, pour agir malgré les contraintes de la propriété privée, pour aménager, c'est-à-dire prédéfinir et impulser les extensions périphériques et les rénovations.

Les formes urbaines de cette seconde révolution urbaine ont certes varié selon les villes et les pays, dans les faits et dans les théories. Mais tous les pères fondateurs de l'urbanisme, par leurs pratiques ou par leur pensée, en particulier Haussmann, Cerdà, Sitte, Howard et bien sûr Le Corbusier, étaient mus au-delà de leurs différences, par cette même préoccupation d'adaptation des villes à la société industrielle. Les villes et l'urbanisme ont ainsi connu une véritable révolution par rapport aux villes et aux conceptions architecturales et spatiales de la première révolution urbaine, aboutissant *in fine* à un urbanisme fordo-keynésio-corbusien, expression d'une rationalité simplificatrice avec sa planification urbaine, ses zonages monofonctionnels, ses armatures urbaines hiérarchiques, adapté à la production et la consommation de masse avec ses centres commerciaux, ses zones industrielles et ses circulations accélérées, et d'une concrétisation aussi de l'État-providence avec ses équipements collectifs, ses services publics, ses logements sociaux. Cette seconde révolution urbaine n'a pas totalement éliminé les villes préexistantes, même si, en France, elle a été assez radicale, des destructions massives d'Haussmann aux « rénovations bulldozer » des années 1950-1970. De fait, très souvent, le cadre bâti comme les citadins ont montré des capacités d'inertie, de résistance et de réadaptation. Ainsi, une fois encore, les villes ont prouvé leur capacité à sédimenter les différentes couches de leur histoire, voire à fonctionner comme des palimpsestes, ces parchemins qui ne changent pas mais qui accueillent successivement des écrits différents. Toutefois, même les parties préservées des villes anciennes qui ont été préservées matériellement, ont subi des transformations profondes et ne fonctionnent plus sur le même mode que précédemment.

À chacune des deux premières phases de la modernisation a correspondu une mutation profonde dans les manières de concevoir, de produire, d'utiliser et de gérer les territoires en général, les villes en particulier. L'Europe occidentale a ainsi déjà connu deux révolutions urbaines modernes. On peut donc faire l'hypothèse, alors que s'ébauche une nouvelle phase de la modernisation, que les changements qui s'esquissent dans l'urbanisme aujourd'hui préfigurent une troisième révolution urbaine moderne.

II
La troisième modernité

La modernité sort ébranlée du XXe siècle et le passage à l'an 2000 a été l'occasion de multiples réflexions et commentaires, soulignant tout à la fois les extraordinaires « progrès » réalisés dans la centaine d'années qui viennent de s'écouler, et les drames que le monde a connus, qui sont à la proportion de ces progrès, et qui à ce titre sont mis pour partie au passif de la modernité.

Certes, la modernisation a toujours été l'objet de réactions hostiles de tous ordres. Mais, depuis une trentaine d'années, la critique a pris une nouvelle forme dite postmoderne. Cette notion regroupe en fait, dans une catégorie un peu fourre-tout, à la fois des philosophes et des sociologues qui croient discerner les signes d'une crise radicale et du dépassement de la modernité, et des créateurs, en particulier des architectes qui se sont engagés dans un projet postmoderniste sous la forme d'une critique de l'esthétique fonctionnaliste. Ces démarches ne sont pas sans intérêt, notamment parce qu'elles nous interpellent sur les mutations en cours. Toutefois, ces dernières n'annoncent ni ne préfigurent la fin de la modernisation, mais soulignent plutôt le fait que la société moderne se dégage d'un rationalisme devenu trop simpliste et de ses certitudes, et qu'elle se débarrasse des formes de pensée messianique ou providentielle qui marquaient encore l'idée moderne du progrès elle-même. D'une certaine manière, nous devenons vraiment modernes et nous le devenons de plus en plus vite. En effet, le renforcement réciproque des caractères qui font la modernité dégage l'impression d'une accélération de la modernisation. Nous entrons ainsi dans une troisième phase ou troisième épisode de la modernisation, que divers auteurs ont qualifié de modernité « radicale », de modernité « avancée », de « surmodernité », voire de « basse » modernité.

Une société plus rationnelle, plus individualiste et plus différenciée

La modernisation réflexive

La rationalisation, qui est l'un des trois processus de base de la modernisation, se poursuit, marquant de plus en plus profondément toutes les actions individuelles et collectives. Elle conduit à une « réflexivité » de la vie sociale moderne que l'on peut définir comme « l'examen et la révision constante des pratiques sociales, à la lumière des informations concernant les pratiques mêmes ». Autrement dit, il ne s'agit plus simplement de mobiliser des connaissances préalablement à certaines actions, mais d'examiner en permanence les choix possibles et de les réexaminer en fonction de ce qu'ils ont commencé à produire. La réflexivité, c'est la réflexion avant, pendant et après...

De fait, chaque individu comme chaque collectivité est confronté à un nombre de situations et de circonstances individuelles et collectives de plus en plus différenciées et changeantes. Cela a deux types de conséquences. D'une part, il est plus rare que les acteurs puissent recourir à une expérience directe passée, voire à un savoir opératoire déjà constitué, pour faire face à une situation, car celle-ci a de moins en moins de chances statistiquement d'avoir déjà eu lieu ou de se reproduire. L'action nécessite donc plus souvent une réflexion spécifique qui permet d'élaborer une réponse et non d'en choisir une dans une panoplie existante, de recourir à une recette, à une routine, à une habitude, voire à une croyance ou à une tradition. D'autre part, le développement de la complexité de la vie sociale, réelle mais aussi révélée par des connaissances scientifiques nouvelles, fait émerger la nécessité de nouveaux développements scientifiques et technologiques.

Des démarches scientifiques nouvelles et un usage accru des sciences et des techniques

Les sciences pouvant contribuer à l'élaboration des décisions connaissent des développements rapides et ont vu émerger de nouveaux paradigmes. Trois avancées majeures, qui ont partie liée mais qui proviennent d'origines relativement anciennes et quelque peu différentes, ont modifié assez profondément les outils de l'action réflexive : les théories des jeux et des choix limités, les sciences cognitives, les théories de la complexité, du hasard, du chaos.

Les développements qui se sont opérés à partir de la théorie des choix limités ont influencé considérablement l'économie, la sociologie, la science politique, et ont eu aussi très vite des applications concrètes. Ils ont mis notamment en évidence que les moyens disponibles pour atteindre une fin pouvaient être multiples dans des situations dites incertaines. Ce type d'approche a conduit à diversifier profondément la notion de rationalité en tant qu'adaptation des moyens à une fin. Ces théories ont joué un rôle clé dans le développement des sciences qui ont servi de points d'appui à l'informatique ; elles ont eu une influence très importante dans le champ de l'économie pratique et de la planification.

Les progrès des sciences cognitives ouvrent également aujourd'hui, directement ou indirectement, des perspectives immenses et parfois même un peu inquiétantes, sur la possibilité de rendre compte des mécanismes de la pensée, d'en démultiplier les possibilités, voire de constituer des quasi-sujets. La science-fiction nous a déjà familiarisés avec cette angoisse. Certes, nous n'en sommes pas à ce point, loin s'en faut, malgré la « loi de Moore » (conjecture sur le doublement des performances des ordinateurs tous les dix-huit mois). En revanche, nous sommes devenus familiers des démarches algorithmiques et avons intégré de façon pratique des innovations comme la distinction entre *hardware* et *software*, qui, sans conteste, fait évoluer nos modes de représentations, de raisonnement et d'organisation.

À la rationalité limitée et aux sciences cognitives, il faut ajouter un troisième champ où s'élaborent depuis quelques dizaines d'années des paradigmes nouveaux, celui des théories de la complexité. Cette catégorie est évidemment un peu fourre-tout et englobe d'une certaine manière les sciences cognitives. Mais elle est plus large et l'on peut aussi y ranger les approches issues de réflexions mathématiques et physiques sur le chaos, sur le hasard, sur les fractales, sur les bifurcations, sur l'auto-organisation, qui se diffusent aujourd'hui dans des domaines scientifiques variés, au-delà de la physique et de la biologie, directement ou métaphoriquement. Ces avancées scientifiques contribuent à renouveler les formes de représentation et de modélisation et ouvrent des perspectives considérables en matière de simulation.

L'erreur première des postmodernistes est probablement d'avoir interprété cette diversification scientifique et théorique comme l'indice d'une crise de la raison moderne, alors que ces approches de l'incertitude, de la complexité, du chaos en sont en fait des développements majeurs. Ces « nouvelles rationalités » sont en effet au cœur de la modernisation réflexive. La notion de feed-back, par exemple, centrale dans plusieurs des développements scientifiques que nous venons d'évoquer, est ainsi une notion clé pour l'action réflexive. Le feed-back est une rétroaction qui permet de modifier ce qui précède par ce qui suit. C'est un dispositif de réglage des causes par les effets qui implique une connaissance et une évaluation permanentes des effets des actions. Il est à la base des approches incrémentales et procédurales qui ont bouleversé bien des domaines et en particulier les relations entre stratégie et tactique, le management des entreprises, la planification. Il est un élément des méthodes dites heuristiques, qui procèdent par évaluations successives et hypothèses provisoires, pour permettre d'agir stratégiquement dans des contextes de plus en plus incertains. Chaque action se fonde sur une hypothèse de résultat; l'analyse du résultat de chaque action permet alors d'affiner ou d'infirmer cette hypothèse. La qualité et la vitesse du retour d'information sont décisives et donnent naissance à des techniques nouvelles de *reporting* qui vont bien au-delà des « tableaux de bord » usuels. La connaissance n'est plus séparée de l'action, elle est dans l'action elle-même.

Une société du risque

Paradoxalement, d'une certaine manière, par rapport au projet moderne, le développement des sciences et des technologies est aussi facteur de risque. De fait, le risque est un concept moderne qui doit être distingué du danger. Le danger est ce qui menace ou compromet la sûreté, l'existence, d'une personne ou d'une chose. Le risque est un danger éventuel plus ou moins prévisible et mesurable. Un risque peut être potentiel (hypothétique) ou avéré. En situation d'incertitude, la première étape d'une analyse rationnelle consiste à formuler des hypothèses de risque. Le risque surgit ainsi quand la nature et la tradition perdent leur emprise, que les individus doivent décider de leur propre chef, et qu'en conséquence ils s'efforcent de mesurer les probabilités que surviennent les événements et leurs conséquences éventuelles.

Le risque croît avec le processus de modernisation parce que les dangers et la connaissance que l'on peut en avoir augmentent.

D'une part, en effet, les technosciences, par les instruments dont elles dotent certains acteurs privés et publics, créent des dangers nouveaux, comme en témoignent les problèmes actuels d'environnement. Certes, dans le même temps, d'autres risques sont maîtrisés. Mais le « risque zéro » est un horizon qui recule lorsque l'on croit s'en approcher. De plus, les risques localisés et personnels font place à des risques de plus en plus étendus, voire planétaires. Le développement même des modes de communication et de transport en amplifie la diffusion et la connaissance. La distance spatiale et temporelle entre les causes et leurs effets éventuels s'accroît aussi, posant de manière nouvelle la question de la responsabilité et de l'éthique.

D'autre part, le risque croît parce que la connaissance réflexive transforme l'inconscience des dangers, l'incertitude ou ce qui était autrefois considéré comme la volonté des dieux, en un futur pour partie connaissable et éventuellement maîtrisable; le mouvement des sciences désacralise et « dénature » ainsi les dangers, et métamorphose le destin, le contingent, le hasard, en objets de connaissance, en réalités potentiellement calculables, mesurables. L'élévation considérable du « niveau » d'éducation, de la culture scientifique et de l'information diffuse socialement ce phénomène. La société traduit ainsi de plus en plus ses difficultés, ses craintes et son insécurité en termes de risques, c'est-à-dire en termes de dangers qu'il doit être possible d'identifier, de mesurer et de gérer. Cela donne naissance à de nouveaux savoirs spécialisés (la cyndinique, ou science du danger, le *risk-management*, etc.), à des dispositifs de plus en plus présents dans la vie quotidienne, et à de nouvelles règles d'action, comme le principe de précaution, par exemple, qui doit s'appliquer quand les experts se déclarent incompétents ou sont en désaccord.

Les risques sont ainsi construits socialement et reposent sur l'établissement de normes spécifiques. Ils sont de plus en plus au centre de la vie de chacun et du débat public dans un monde moderne qui ne peut pas éviter les dangers, mais qui peut essayer de décider ceux qu'il accepte et à quel prix.

Une autonomie croissante vis-à-vis des contraintes spatiales et temporelles

Les nouveaux moyens de transport et de stockage des personnes, des informations et des biens, que la société développe et met à la disposition des organisations et des individus, permettent à ceux-ci de s'émanciper en partie des contraintes spatiales et temporelles. D'une part, la coprésence ou la proximité ne sont plus nécessaires pour un certain nombre d'échanges et de pratiques sociales, car il est possible soit de télécommuniquer, soit de se déplacer de plus en plus vite. D'autre part, la simultanéité ou la synchronisation des actions sont moins indispensables, car toute une série d'entre elles peuvent avoir lieu de façon décalée ou asynchrone, grâce aux répondeurs, enregistreurs et messageries de toutes sortes. Il est de plus en plus possible de choisir individuellement les lieux et les moments de ses communications et de ses échanges.

L'accroissement des possibilités d'actions et d'interactions à distance spatiale et temporelle est tel que les individus peuvent avoir l'impression d'être en plusieurs lieux et dans plusieurs temps à la fois. Un sentiment d'ubiquité et de multitemporalité accompagne ainsi un double processus de « délocalisation » et de « désinstantanéisation ».

La délocalisation se traduit concrètement par l'affaiblissement progressif des communautés locales. Cela ne signifie évidemment pas la disparition de toute vie locale, des relations sociales de proximité, des choix locaux; mais le local n'est plus le lieu obligé de la plupart des pratiques sociales dans les divers champs du travail, de la famille, des loisirs, de la politique, de la religion, etc. Toutefois, les nouveaux instruments de transport et de communication ouvrent les possibilités de choix en matière de localisation des résidences et des activités, et changent la nature du « local »: celui-ci n'est plus hérité ou contraint, mais il rentre dans les logiques réflexives, dans des arbitrages d'autant plus complexes que les individus ou les organisations ont les moyens de se déplacer et de télécommuniquer. Cela n'est pas sans poser des problèmes de cohésion sociale, les logiques de l'entre-soi pouvant engendrer de nouvelles formes de ségrégation.

Une individualisation de plus en plus poussée

Dans la société moderne avancée, les individus non seulement peuvent choisir, mais ils doivent le faire en permanence. Le travail, la famille, la consommation, la religion, la politique, voire le corps lui-même, tout devient ou semble devenir de plus en plus décidable.

Certes, les choix individuels sont toujours en partie au moins déterminés socialement. Mais le système dans lequel se construisent les décisions est plus complexe, les individus comme les organisations ont plus conscience de décider sous rationalité limitée, et leurs choix dépendent d'un nombre d'interactions plus grand. Les choix majeurs comme les petits choix du quotidien sont ainsi singularisés.

La multiplicité des choix auxquels sont confrontés les individus, qui est variable selon leurs moyens, donne naissance à des « profils » de vie et de consommation de plus en plus différenciés, rendant de moins en moins perceptible l'appartenance éventuelle à des groupes sociaux, malgré la prégnance toujours forte des déterminations économiques et socioprofessionnelles. Cette diversification fait problème tant du point de vue sociopolitique – comment représenter des intérêts plus variés ? –, que du point de vue économique. Il devient en effet plus difficile de fonder, par exemple, un marketing sur quelques catégories types, qu'il s'agisse des catégories socioprofessionnelles, des classes d'âge, des niveaux de revenus, des styles de vie ou des profils psychosociologiques. Les typologies explosent en groupes de plus en plus petits. Les spécialistes du marketing, après s'être efforcés de découper le marché en « groupes à identités restreintes » et en « niches », sont obligés aujourd'hui de prendre en compte la singularité croissante des demandes effectives ou potentielles des consommateurs. La multiplication des options et le sur-mesure individuel (le « *one-to-one* ») sont le *nec plus ultra* de l'industrie et des services. Les producteurs et les distributeurs constituent ainsi des méga-bases de données, pour connaître aussi individuellement que possible leurs acheteurs potentiels, et ils s'efforcent de diversifier leurs activités pour coller au plus près à leurs pratiques et leurs envies. Les nouvelles technologies de l'information et de la communication jouent en la matière un rôle décisif.

Une différenciation sociale de plus en plus complexe

La différenciation sociale se poursuit et marque plus fortement toutes les sphères de la vie sociale. La division du travail s'accentue et s'exprime à la fois dans des spécialisations professionnelles plus nombreuses et pointues, et dans une globalisation économique qui lui fait changer d'échelle. La globalisation se distingue en effet des phases précédentes d'internationalisation de l'économie par le fait qu'elle ne consiste plus seulement en mouvements d'hommes, de capitaux, de matières premières et de marchandises, mais s'effectue par l'organisation des procès de production à l'échelle internationale et par une mobilité généralisée. La globalisation, en associant des sociétés locales diversifiées dans un même processus productif, redouble la différenciation sociale par une différenciation territoriale. Elle contribue également à la différenciation culturelle. Car, dans le même mouvement, où elle semble d'une certaine manière « homogénéiser » les pratiques et les statuts en diffusant partout les mêmes objets, les mêmes références, et à peu près les mêmes modes d'organisation, la globalisation élargit aussi de façon inédite la palette dans laquelle les individus, les groupes, les organisations, puisent pour faire leurs choix et développer leurs spécificités.

La diversification sociale transforme également les structures familiales et leur fonctionnement. Le ménage type du couple avec enfants, qui constituait la référence économique et politique dominante, est aujourd'hui minoritaire. Mais les ménages traditionnels sont eux-mêmes de plus en plus diversifiés, puisque près du quart d'entre eux sont « recomposés », induisant une structuration familiale de plus en plus complexe, que les démographes et les juristes peinent à qualifier, avec des enfants qui ont jusqu'à huit grands-parents, sans compter les demi-frères, les faux frères et les quasi-belles-sœurs.

La différenciation s'opère aussi par la diversification des histoires de vie. Les cycles de vie, autrefois marqués par quelques grandes étapes à peu près identiques pour tous, connaissent aujourd'hui des épisodes de plus en plus variés, voire des boucles, avec les retours des jeunes adultes au domicile parental après une expérience de décohabitation, ou le retour au célibat de divorcés. La diversité s'accroît également en raison de l'accélération des changements dans les modes de vie et dans les systèmes de valeurs. Autrefois, chaque génération reproduisait peu ou prou les us et coutumes des générations précédentes aux diverses étapes de leurs cycles de vie. L'apparition du phénomène des teenagers aux États-Unis dans l'après-guerre a mis en évidence l'affaiblissement de cette reproduction intergénérationnelle. Aujourd'hui, de nombreux observateurs considèrent par exemple que les proximités intragénérationnelles des adolescents sont plus fortes dans de multiples domaines et en particulier dans les loisirs (musique, sport, lectures) que les proximités intergénérationnelles au sein d'un même groupe socioprofessionnel. Les inégalités sociales subsistent bien sûr, certaines s'approfondissent même, mais pour une partie de plus en plus large de la population, elles portent sur des différences de degré et non de nature, et elles ne se coagulent pas pour former des catégories homogènes. De fait, les gammes de prix de la plupart des objets de consommation se sont largement ouvertes, allant par exemple de plus de un à cinquante pour des automobiles.

La mobilité sociale est le corollaire de la différenciation. Elle augmente trop lentement, mais les individus ont des trajectoires de vie et des pratiques quotidiennes moins déterminées qu'autrefois par leurs origines sociales. Leur socialisation initiale, par contact avec le milieu de leurs parents, perd de son importance relative au profit de formes plus larges de socialisation dans lesquelles les moyens de communication, d'information et de déplacement jouent un rôle de plus en plus significatif. Ce processus concerne évidemment moins des catégories extrêmes comme les jeunes des grands ensembles ou ceux des beaux quartiers, dont les socialisations sont plus restrictives et s'effectuent dans des milieux plus homogènes.

La mobilité physique des personnes et des informations participe aussi activement à la différenciation sociale. Elle en est à la fois un instrument et une résultante. Elle rend possibles des contacts et des échanges épisodiques ou réguliers en dehors de la proximité. Elle élargit ainsi les bases sur lesquelles les différenciations et les affinités peuvent s'appuyer.

Les individus apparaissent ainsi comme socialement multi-appartenants, socialement pluriels. Leurs pratiques, leurs systèmes de valeurs, leurs choix individuels résultent de socialisations et de circonstances diversifiées. Par exemple, le sport pratiqué par un individu sera en corrélation plus forte avec son origine géographique, la musique qu'il écoute se rattachera plutôt à une classe d'âge, son travail dépendra pour une part significative des origines socioprofessionnelles de ses parents, ses choix de vacances seront plus fortement déterminés par une négociation familiale, son vote politique dépendra du lieu où il habite, etc.

La différenciation sociale semble ainsi peu à peu pulvériser une société dans laquelle des individus plus différents et autonomes, ne partagent plus que momentanément des valeurs et des expériences sociales.

L'émergence de la société hypertexte

Malgré cette apparente atomisation de la société en individus plus autonomes, le social ne s'est pas dissous. Et, contrairement à ce qu'affirment parfois des hommes politiques, les liens sociaux ne sont pas « rompus ». Bien sûr, certains individus et groupes sociaux connaissent de graves difficultés et une frange non négligeable de la population est exclue du marché du travail et se trouve ainsi « désaffiliée » ; certes, l'écart entre les plus riches et les plus pauvres a aussi augmenté dans pratiquement tous les pays développés, et la société connaît des poussées de violence et d'incivilité. Mais nous sommes loin de basculer dans une anomie massive ou de glisser vers la barbarie. Au contraire, les exigences de sécurité, de civilité et d'État de droit vont plutôt en croissant. Les sociétés occidentales, pour l'instant, semblent donc poursuivre leur modernisation sans subir des menaces essentielles et sans qu'émerge quelque alternative radicale véritablement crédible. Il n'en est évidemment pas de même pour d'autres sociétés qui sont parfois véritablement en cours de dissolution : soit parce qu'elles se trouvent brutalement incluses dans la globalisation et qu'elles connaissent en accéléré et en accentué des drames analogues à ceux que l'Europe a connus au XIXe et au XXe siècles ; soit, à l'inverse, parce qu'elles sont exclues de la globalisation et qu'elles s'enfoncent dans les famines, les guerres et les maladies.

De nouveaux types de liens sociaux

De toute évidence, la poursuite de la modernisation dans les pays déjà profondément modernisés ne fait pas disparaître les liens sociaux. Le social « fonctionne ». Mais les liens changent de nature et de supports.

Les liens forts, très épais, traditionnels, qui reliaient (attachaient) autrefois dans les communautés villageoise et médiévales des individus peu différents, étaient très solides, multifonctionnels, et n'avaient que très peu besoin de lois et d'appareils étatiques pour les codifier et les préserver. Les individus passaient leur vie aux côtés des mêmes personnes. Avec la transition de la communauté du village ou du bourg à une société urbaine et industrielle, les liens entre des individus plus différents se sont diversifiés, multipliés et ont commencé à se spécialiser. Mais dans les villes, les faubourgs et les bourgs du XIXe siècle, le voisin était encore bien souvent un collègue, un ami, un parent, un coparoissien, un compagnon de lutte. Aujourd'hui, en revanche, la vie dans les villes se déroule à une autre échelle et la coïncidence des différentes sphères des relations sociales est de plus en plus faible. Les voisins sont de plus en plus rarement des copains d'enfance, des collègues, des parents, des amis. Chaque individu entre en relation avec un nombre croissant d'autres individus, chaque jour et tout au long de sa vie, dans le cadre du travail et en dehors ; il choisit un ou plusieurs conjoints successifs, ses amis, ses voisins. Il utilise dans ses relations une gamme étendue de moyens : l'usage des télécommunications permet de diversifier les formes de ses interactions, et l'automobile est devenue le principal outil des rencontres en face à face. Des liens économiques et techniques socialisent aussi les consommateurs au travers de l'usage des biens et des services marchands : notre alimentation quotidienne, comme les objets que nous utilisons, sont très largement des produits conçus et distribués par des multinationales ; la moindre de nos activités est ainsi insérée de fait dans une multiplicité de relations.

Les liens sociaux se sont donc extraordinairement multipliés. Leur nature est diversifiée et ils s'appuient sur des modes de communication multiples : échanger des messages sur Internet et se rencontrer au café sont en effet des interactions qualitativement différentes. Les liens sont également beaucoup plus « faibles » qu'autrefois, plus fragiles aussi. En revanche, il est plus facile d'en produire de nouveaux. C'est « la force des liens faibles ». Le tissu social constitué par les liens sociaux contemporains change ainsi de texture. Il est de plus en plus fait d'une multiplicité de « fils », très fins, de toutes natures, qui ne lui donnent pas moins de solidité, mais beaucoup plus de finesse et d'élasticité. Constitué de fibres diverses, il est aussi socialement et culturellement bigarré.

Une structure sociale en réseaux

Les structures sociales qui émergent aujourd'hui, à base de liens faibles et très nombreux, et entre des organisations et des individus souvent éloignés les uns des autres, sont de type réticulaire. La société est structurée et fonctionne comme un réseau, ou plutôt comme une série de réseaux interconnectés qui assurent une mobilité accrue des personnes, des biens, des informations. C'est la généralisation de cette mobilité qui rend obsolètes les structures aréolaires anciennes fondées sur des processus de « diffusion » limitée dans l'espace et sur des aires de mobilité restreintes. Cette organisation en réseaux fonde une nouvelle solidarité de fait, au sens d'un système d'interdépendances entre des individus. Après la « solidarité mécanique » de la communauté villageoise, et la « solidarité organique » de la ville industrielle, émerge donc une troisième solidarité, la solidarité « commutative » qui met en liaison des individus et des organisations appartenant à une multiplicité de réseaux interconnectés. L'enjeu pour la démocratie est alors de transformer cette solidarité commutative de fait, en une solidarité « réflexive », c'est-à-dire en une conscience de l'appartenance à des systèmes d'intérêts collectifs.

Une multiplicité d'appartenances sociales

Le social aujourd'hui se compose d'individus « multi-appartenants », c'est-à-dire qui se construisent chacun dans plusieurs champs sociaux distincts. Les plus importants de ces champs sont le travail, la famille, les loisirs, le voisinage, les organisations religieuses et sociopolitiques. Autrefois, dans les communautés villageoises, ces divers champs sociaux étaient largement confondus. Avec le développement de la société urbaine et industrielle, de premières dissociations s'étaient effectuées, mais ils se recouvraient encore largement. Aujourd'hui, leurs intersections sont de moins en moins nombreuses ; ils forment une sorte de feuilleté social et ce sont les individus eux-mêmes qui les relient, en passant de l'un à l'autre plusieurs fois par jour.

Les individus se déplacent réellement ou virtuellement dans des univers sociaux distincts qu'ils articulent dans des configurations différentes pour chacun. Ils forment un hypertexte, comme les mots qui font lien entre un ensemble de textes informatisés. L'hypertexte est le procédé qui permet, en « cliquant » sur le mot d'un texte, d'accéder à ce même mot dans une série d'autres textes. Dans un hypertexte, chaque mot appartient simultanément à plusieurs textes ; dans chacun d'entre eux, il participe à la production de sens différents en interagissant avec d'autres mots du texte, mais selon des syntaxes éventuellement variées d'un texte à un autre. La numérisation des images a ouvert la possibilité de construire également des hypermédias, qui établissent des liens entre des textes, des documents sonores et des images (le préfixe hyper est utilisé ici dans le sens mathématique d'hyperespace, c'est-à-dire d'espace à *n* dimensions).

Les individus sont ainsi dans des champs sociaux distincts, comme les mots dans les différents documents d'un hypertexte. Ils interagissent dans l'un avec des collègues selon une « syntaxe » professionnelle, dans un autre avec des parents selon une « syntaxe » familiale, dans un troisième avec des partenaires selon une « syntaxe » sportive, etc. Ce sont les « individus-mots » qui constituent eux-mêmes les principaux liens entre ces « textes-champs sociaux ». Ils passent d'un champ à un autre, soit en se déplaçant, soit en télécommunicant. Lorsqu'un employé téléphone à son domicile de son lieu de travail, d'une certaine manière, il change de « texte ».

Les divers champs sociaux sont de natures différentes. La participation des individus à chacun d'entre eux peut être plus ou moins volontaire, durable. Les interactions peuvent y être économiques, culturelles, affectives, réciproques, hiérarchiques, normalisées, en face-à-face, écrites, parlées, télécommuniquées, etc. Les champs sont d'échelles variables (du « local » au « global ») et plus ou moins ouverts. Les réseaux qui structurent ces champs peuvent être en étoile, maillés, hiérarchisés. Et les individus font du *code switching*, c'est-à-dire s'efforcent de jongler avec des codes sociaux et culturels différents pour pouvoir passer de l'un à l'autre.

Cette métaphore de l'hypertexte permet également de renouveler l'identification et l'analyse des inégalités sociales. Les individus ne disposent en effet pas tous, pour des raisons diverses mais largement explicables par leurs histoires sociales, des mêmes possibilités de construire des espaces sociaux à *n* dimensions, ou de passer aisément d'un champ social à un autre. Pour certains individus, le feuilleté des réseaux est complètement écrasé : leurs champs économiques, familiaux, locaux, religieux se recouvrent très largement. Ainsi, les exclus du marché du travail ne sont généralement pas multi-appartenants : ils habitent le plus souvent dans les grands ensembles, vivent d'une économie « informelle » locale, et ne rencontrent principalement que des gens de leur quartier. La possibilité de se déplacer dans une série de champs ouvre des potentialités qui ne sont pas également accessibles à tous. Cette multiplicité peut aussi poser à certains individus des problèmes psychologiques compliqués et rendre difficile la constitution de leur « soi ». Mais la société hypertexte renouvelle profondément les modalités de constitution du social comme des identités personnelles.

Du capitalisme industriel au capitalisme cognitif

Les changements économiques en cours mettent en évidence que les sociétés occidentales commencent à sortir de l'industrialisme, c'est-à-dire d'un système économique principalement fondé sur l'industrie définie comme « l'ensemble des activités économiques ayant pour objet l'exploitation des matières premières, de sources d'énergie et leur transformation, ainsi que les produits semi-finis et biens de production ou de consommation » ; et qu'elles entrent dans une économie cognitive, fondée sur la production, l'appropriation, la vente et l'usage de connaissances, d'informations, de procédés. Cela ne signifie pas que l'industrie soit appelée à disparaître. Mais de même que l'agriculture était passée avec le capitalisme industriel sous la coupe du modèle industriel qui en avait redéfini tant les finalités que les méthodes et les valeurs, de même la production industrielle dépend de plus en plus des logiques et des pouvoirs de l'économie cognitive. Pour le dire plus concrètement, les performances d'une entreprise industrielle, aujourd'hui, dépendent d'abord de sa capacité à connaître les marchés, à mobiliser les sciences et les techniques, à inventer des réponses, à développer des capacités créatrices, à organiser des processus, à gérer les réactions face à des événements, à analyser des coûts, à coordonner des actions, à gérer sa communication à l'occasion d'une crise. Le caractère stratégique de l'économie cognitive est d'une certaine manière confirmé par les comportements des grandes entreprises des pays développés dans certains secteurs, qui semblent laisser la production matérielle à d'autres – et au reste du monde – et qui se concentrent sur les nouvelles technologies, attirant les capitaux et les personnels qualifiés du monde entier pour en assurer le développement.

Cette nouvelle « économie cognitive » apparaît comme l'expression de la phase contemporaine de modernisation dans le champ de l'économie. Autrement dit, l'économie cognitive est à la « société hypertexte » et à la « solidarité commutative », ce que l'économie industrielle a été à la « société urbaine » et à la « solidarité organique », et ce que l'économie marchande à dominante rurale a été à la « communauté » et à la « solidarité mécanique » (cf. tableau *infra*, p. 52 et 53).

La fin des futurs prévisibles et planifiables

Le système fordiste, malgré quelques à-coups et quelques crises, avait globalement bien fonctionné sur plus d'un demi-siècle. Il était fondé sur une prévisibilité assez grande de l'avenir. Les entreprises pouvaient donc produire avant de vendre, amortir les variations du marché avec des stocks, et investir sur des périodes assez longues. Les travailleurs pouvaient compter sur la croissance pour espérer à moyen terme une augmentation de leur pouvoir d'achat et une amélioration de leurs conditions de vie. Ils consommaient les biens qu'ils produisaient. Ils étaient protégés en cas de maladie et n'avaient pas d'inquiétudes pour leur retraite. Certes, tout n'était pas bien dans le meilleur des mondes, comme en ont témoigné notamment les luttes sociales. Mais la représentation que la société occidentale avait d'elle-même était globalement optimiste.

Ce système reposait sur la possibilité de limiter les incertitudes. La planification en était un des instruments clés, au niveau national, dans les entreprises, pour le développement urbain et l'aménagement du territoire. Il est entré en crise progressivement à partir de la fin des années 1960. La production répétitive de masse s'est heurtée à la différenciation sociale et à la diversification des demandes. Les technologies et les modes d'organisation qui avaient assuré la croissance de la production et de la productivité ont atteint leurs limites. Les recettes keynésiennes sont devenues contre-performantes dans des économies plus ouvertes; les interventions des États-providence sont devenues trop coûteuses et ont engendré toutes sortes d'effets pervers. La globalisation, l'accélération des mouvements des capitaux, les politiques de transfert des régulations vers les marchés n'ont fait qu'accroître les incertitudes. L'ensemble de ces évolutions convergentes a mis en cause les formes fordo-keynésiennes de l'industrialisme. Ses dispositifs fondés sur la performance de la répétition (la routine taylorienne et la consommation de masse), sur des rationalités simples pétries d'un idéal de prévisibilité (la programmation et la planification linéaires) rentrèrent ainsi en crise, les uns après les autres, ajoutant encore à l'insécurité et à l'instabilité créées plus généralement par la dynamique de la modernisation, mais créant également les conditions de l'émergence d'une forme nouvelle de l'économie marchande.

Une nouvelle économie de la connaissance et de l'information

L'expression « nouvelle économie » est beaucoup utilisée aujourd'hui, mais elle est un fourre-tout. Elle englobe les secteurs de production des technologies nouvelles de l'information et de la communication (*hardware* et *software*), la net-économie, c'est-à-dire les activités économiques directement liées à l'usage d'Internet, et plus largement l'économie cognitive, c'est-à-dire des industries et des services dans lesquels sont devenus dominants la production, la vente et l'usage des connaissances, des informations et des procédés. Le développement de cette économie s'inscrit dans le processus de modernisation et est en résonance avec l'émergence de la société hypertexte.

Il s'agit en effet d'une économie de plus en plus réflexive qui mobilise sous les formes les plus diverses les progrès des sciences et des techniques : par le développement de machines de plus en plus sophistiquées intégrant beaucoup de technologies de l'information et de la communication (TIC), par l'emploi d'une main-d'œuvre globalement de plus en plus qualifiée et dont les tâches sont de moins en moins répétitives, par le recours à des méthodes de management qui exigent une information rapide et abondante pour faire face à des incertitudes de plus en plus nombreuses et à des choix plus complexes. La caractéristique essentielle de cette nouvelle économie est qu'une part croissante des activités économiques et des valeurs qu'elle produit, dépend du capital cognitif incorporé dans les hommes, les machines et l'organisation. Les modèles industriels de performance deviennent inutilisables et la valeur du capital difficile à mesurer car elle est pour une bonne part constituée d'« actifs intangibles », c'est-à-dire de savoirs et de savoir-faire, de modes de fonctionnement, de relations personnelles, de créativité, etc.

La nouvelle économie est aussi plus individualisée, tant au niveau de la consommation qu'à celui de la production. Les consommateurs exigent des produits de plus en plus diversifiés et spécifiques, du « sur-mesure industriel » ; la connaissance de leurs besoins singuliers devient ainsi une des clés de la compétitivité du commerce, des services et de l'industrie. L'évolution de la production industrielle témoigne également du processus d'individualisation, qu'il s'agisse des qualifications, des statuts et des carrières des travailleurs, des modèles d'organisation, du fonctionnement par projets où chacun trouve une position temporaire dans un collectif de travail, de la flexibilité et de la désynchronisation des horaires de travail…

Enfin, cette nouvelle économie est aussi plus différenciée. La division du travail ne cesse de s'approfondir, les qualifications des travailleurs sont plus nombreuses et les spécialités des entreprises plus pointues. Cette évolution est accentuée par l'externalisation croissante pratiquée par les grandes entreprises. En effet, les progrès des techniques de transport et de communication abaissent les coûts des transactions et contribuent à rendre plus performant le recours au marché. La sous-traitance, les joint-ventures, les partenariats, les franchises, remplacent le modèle organisationnel ancien de la grande industrie.

Une économie plus urbaine

La production et les services sortent de l'entreprise donnant au contexte spatial une importance économique nouvelle. Autrefois, en effet, la majeure partie de l'activité des grandes entreprises se faisait à l'intérieur de leurs locaux. Aujourd'hui, avec l'externalisation d'une partie croissante de leur production et de leurs services, l'activité se fait de plus en plus hors leurs murs, transformant de fait les villes et les territoires en espaces productifs. Cela accroît l'importance des « externalités » de toutes sortes et engendre des responsabilités nouvelles pour les pouvoirs publics qui doivent contribuer plus qu'auparavant à créer un environnement matériel, économique, social, culturel, propice aux activités économiques. Mais les recompositions et reconversions rapides et brutales des entreprises, la mobilité des capitaux, l'accélération des cycles des produits et le développement des moyens de transport et de communication modifient aussi les qualités attendues des territoires et rendent souvent obsolètes les anciennes spécialisations industrielles locales. Le développement économique des villes repose en effet de plus en plus sur leur accessibilité, c'est-à-dire leur connexion aux grands réseaux de transports terrestres et aériens, et sur leur potentiel de main-d'œuvre qualifiée. L'attraction des jeunes couches moyennes et supérieures devient ainsi un élément central des politiques urbaines, qui met au cœur du développement local la qualité de vie, les équipements éducatifs, la culture, les loisirs, et l'image même de la ville.

L'usage des moyens de transport rapides et des télécommunications par les entreprises contribue aussi à restructurer les villes et les territoires. Le développement de la net-économie (commerce électronique de détail et interentreprises dit « e-commerce », e-formation et télé-enseignement, e-recrutement et e-personnel temporaire, e-santé et télé-médecine, e-bancassurance, e-bourse, e-sécurité et télé-surveillance, e-information et télé-journaux, etc.) change les critères de localisation des activités et participe notamment à la reconfiguration des centralités et des spécialisations commerciales. Les quartiers d'affaires voient leur rôle renforcé pour l'accueil des activités très qualifiées et à haute intensité informationnelle. La logistique devient une fonction clé dans les processus de production et suscite de nouveaux types d'équipements multimodaux et multiservices (les plates-formes logistiques). Les aéroports s'entourent d'une gamme très variée d'entreprises, attirées par leur accessibilité tant aérienne que terrestre.

Le rôle des technologies de l'information et de la communication

La dynamique de l'économie capitaliste se poursuit et joue un rôle croissant dans la société, notamment parce qu'une partie grandissante des activités humaines sont l'objet de productions et de services marchands. Les technologies de l'information et de la communication jouent un rôle clé dans cette dynamique. Elles ne changent pas de façon autonome la société mais, suscitées et saisies par les acteurs économiques et par les individus-consommateurs, elles peuvent contribuent à lui donner des formes nouvelles parce qu'elles lui sont particulièrement bien adaptées. En effet, d'une part, elles s'inscrivent activement dans les dynamiques de rationalisation, d'individualisation et de différenciation de la société hypertexte ; d'autre part, elles sont des outils et des supports pour le capitalisme cognitif qui peut mettre à profit – dans tous les sens du mot – les progrès très rapides de leurs performances. Celles-ci sont largement liées à la numérisation qui, en modifiant de façon décisive la productivité dans la production, l'accumulation et la circulation de l'information, contribue de façon déterminante à la dynamique du capitalisme cognitif. Les TIC participent aussi activement à l'accélération de tous les mouvements de personnes, d'informations et de biens, étant entendu que tout ce qui produit de la différence, notamment en termes de vitesse, s'inscrit particulièrement bien dans les logiques capitalistes fondées sur la concurrence et l'accumulation.

Ces technologies sont loin d'avoir épuisé leurs potentialités. Elles occupent progressivement, comme l'électricité précédemment, une position générique, c'est-à-dire qu'elles pénètrent tous les secteurs économiques et toutes les sphères de la vie sociale. Il n'est pratiquement plus une industrie, une science ou une technologie dont le développement ne dépende pas de l'usage des TIC, en particulier dans des domaines nouveaux comme ceux de la génomique et de la cognitique.

Internet joue dans ce contexte un rôle pivot, fonctionnant comme une sorte de méta-média qui associe et articule les divers modes de production et de circulation des informations. De fait, on assiste progressivement à la « convergence » autour d'Internet de tous les moyens de communication, et à l'apparition d'objets nouveaux qui intègrent dans des objets mobiles, la télévision, le téléphone, l'ordinateur, l'agenda, le livre, l'appareil photographique et la caméra.

Les nouvelles régulations du capitalisme cognitif

L'accumulation et la concentration des capitaux se poursuivent et s'accélèrent dans le contexte de la globalisation et de la nouvelle économie cognitive. Même dans les domaines très nouveaux, les activités s'organisent ou se réorganisent au niveau mondial autour de quelques majors. Les processus de croissance et de crise sont accélérés. Et il ne faut être leurré ni par le phénomène des start-up, dont l'existence indépendante est souvent assez brève, ni par la prolifération de petites et moyennes entreprises dont beaucoup dépendent en fait des grands groupes, plus ou moins directement et durablement. Il ne faut donc pas confondre la fin de l'industrialisme avec la fin de l'économie capitaliste. Les lois économiques ne sont pas nouvelles, mais elles s'appliquent dans un contexte différent. Le marché est peut-être plus transparent, les coûts de transaction plus faibles, les informations moins asymétriques, les systèmes d'adaptation de l'offre et de la demande plus synchrones, les origines de la valeur différentes, les modèles de performance renouvelés : il n'en reste pas moins que la dynamique d'accumulation se poursuit et a toutes les chances de se poursuivre un certain temps encore.

L'économie cognitive connaît et connaîtra donc les multiples dysfonctionnements du capitalisme, ses à-coups et crises de toutes sortes, économiques, sociales, environnementales, d'autant que les intérêts sociaux se multiplient et que les concurrences entre entreprises et entre territoires s'aiguisent. Il doit alors être « régulé », car il ne peut fonctionner durablement sans institutions représentant les diverses collectivités sociales et territoriales, sans règles communes, sans pouvoirs collectifs légitimes et capables de faire respecter ces règles, sans interventions correctrices et compensatrices, sans modalités de gestion des conflits.

Mais les régulations développées dans la période précédente fonctionnent de plus en plus mal dans le contexte du capitalisme cognitif, entre autres parce que la globalisation contribue à saper les bases nationales des États-providence, rend inefficaces les politiques keynésiennes, parce que le rapport salarial fordien cède du terrain devant des contrats de travail beaucoup plus instables, les investissements privés à long terme se font plus rares, les cycles des produits se raccourcissent, et parce qu'émergent de nouveaux problèmes sociaux et de nouvelles inégalités. Toutefois, un nouveau type de régulation semble s'ébaucher, que l'on peut qualifier de « régulation partenariale » dans la mesure où des acteurs, aux logiques différentes et aux intérêts éventuellement divergents voire conflictuels sur un certain nombre de points, s'efforcent ou sont obligés d'élaborer des démarches communes, de négocier des compromis durables, de créer des institutions collectives.

Le capitalisme cognitif s'appuie aussi plus fortement encore que le capitalisme industriel sur la bourse et sur le capital financier, mais ceux-ci sont aujourd'hui largement alimentés par l'épargne des salariés et des professionnels indépendants qui utilisent les valeurs boursières pour assurer une partie croissante de leur protection sociale et en premier lieu pour financer et garantir leurs retraites. Le fordisme avait fait des travailleurs de masse des consommateurs de masse. Aujourd'hui, les travailleurs-consommateurs deviennent des actionnaires, directement en achetant des actions, indirectement par les placements de leurs caisses de retraite. Les « fonds de pension » prennent ainsi une importance plus considérable, sociale et économique, et deviennent notamment des investisseurs majeurs dans l'immobilier. Par ailleurs, la crise de l'État-providence, qui est aussi une crise de son mode d'organisation et de ses performances, entraîne les pouvoirs publics nationaux et locaux à recourir de plus en plus à des acteurs privés pour assurer toutes sortes de prestations, quitte à subventionner ces acteurs ou ceux qui doivent acheter leurs produits et services. Les concessions et les partenariats publics-privés se multiplient sous des formes diverses. La globalisation, l'affaiblissement des barrières douanières, l'accélération des mouvements des biens, des hommes, des informations et des capitaux, nécessitent également la création ou le renforcement d'institutions supranationales de régulation, tandis que les pouvoirs publics locaux voient leur rôle économique et social renforcé dans un contexte de concurrences interterritoriales aiguisées par l'internationalisation et le développement des moyens de transport et de communication.

Les partenariats entre différents types d'acteurs sont une forme « réflexive » de régulation plus adaptée à une société ouverte, très diversifiée, mobile et instable. Les institutions qu'ils sécrètent apportent une stabilité relative dans un contexte plus marqué par les incertitudes de toutes sortes.

L'ampleur des bouleversements sociaux, économiques, culturels, politiques, territoriaux engendrés par l'émergence de la société hypertexte et du capitalisme cognitif, conforte la thèse de l'entrée des sociétés occidentales dans une nouvelle phase du processus de modernisation. Celle-ci, comme les deux précédentes, rend nécessaires et engendre des mutations multiples. Ainsi, la société hypertexte et le capitalisme cognitif provoquent-ils une troisième révolution urbaine moderne. C'est celle-ci que nous allons maintenant caractériser pour déduire, des problèmes spécifiques qu'elle pose et des enjeux plus généraux de la société moderne avancée, des principes et des méthodes d'action pour la conception, la production et la gestion des villes.

Fresque schématique de la dynamique de la modernisation occidentale et du contexte des trois révolutions urbaines modernes

	Communauté	Société industrielle	Société hypertexte
Liens sociaux	Peu nombreux, courts, pas diversifiés, peu médiatisés, stables, forts et multifonctionnels	Plus nombreux, de plusieurs types, évolutifs, forts, en voie de spécialisation	Très nombreux, très variés, médiatisés et directs, fragiles, spécialisés
Type de solidarité	Mécanique	Organique	Commutative
Territoires sociaux (espace des relations sociales)	Largement autarciques et fermés, à centrage local	Intégrés dans un ensemble plus large, entrouverts, à base nationale	Ouverts, multiples, changeants, à échelles variables (du local au global), réels et virtuels
Morphologie socio-territoriale	Alvéolaire	Aréolaire	Réticulaire
Paradigmes dominants	Croyances Tradition et continuité Destin Force, autorité, sagesse	Raison universelle Fonctionnalité Simplification et spécialisation Démocratie représentative	Complexité, incertitude, autorégulation, flexibilité Gouvernance
Actions	Répétitives et routinières	Rationnelles	Réflexives
Régulations principales	Coutumes, chef	État et lois	Systèmes étatiques Subsidiaires, droit et contrats, partenariats, opinion publique

	Communauté	Société industrielle	Société hypertexte
Activités économiques dominantes	Agricoles	Industrielles	Cognitives
Culture	À dominante locale	Fortes composantes socio-professionnelles	Diversifiée et hybride (multi-appartenance sociale et culturelle)
Type urbain dominant	Ville-marché	Armature urbaine hiérarchisée, et villes industrielles	Système métapolitain
Institutions	Paroisses, cantons et départements, État-nation	Communes, départements, administration centralisée, État-nation-providence Pactes, alliances et traités	Agglomérations, pays, régions, État-nation-providence Organisations internationales et supra-nationales, ONG

III
La troisième révolution urbaine moderne

La première modernité et sa révolution urbaine avaient suscité de nouvelles conceptions, que nous qualifierons de paléo-urbanisme, et les premières utopies; la seconde modernité et sa révolution urbaine ont produit des modèles et donné son nom à l'urbanisme. La troisième modernité et sa révolution urbaine ont commencé à faire émerger de nouvelles attitudes vis-à-vis de l'avenir, de nouveaux projets, des modes de pensée et d'action différents: c'est ce que dorénavant nous qualifierons de néo-urbanisme ou de « nouvel urbanisme » (bien que cette formule ait pris un sens particulier ces dernières années, notamment aux États-Unis [1]).

---

1. Le New Urbanism nord-américain renvoie en fait à trois types de pratiques: un style esthétique, du design urbain et des modes d'urbanisation.
L'esthétique proposée est de type architecture contextuelle, souvent pastiche et kitch; le design urbain privilégie un urbanisme de rues, d'espaces publics, de densités élevées; le mode d'urbanisation est fondé sur des principes de mixité fonctionnelle .../...

Cette troisième révolution urbaine est déjà largement engagée: en une trentaine d'années, les évolutions ont été considérables dans les pratiques quotidiennes des citadins, les formes des villes, les moyens, motifs, lieux et heures des déplacements, des communications et des échanges, les équipements publics et les services, la typologie des lieux urbains, les attitudes vis-à-vis de la nature et du patrimoine, etc. Des innovations d'une grande importance dans la vie urbaine sont apparues, comme les magnétoscopes, le téléphone mobile, les ordinateurs individuels et Internet. La diffusion de la seconde automobile et des TGV contribue également à modifier profondément les territoires. Mais ces évolutions ne font que commencer. Des tendances lourdes sont en effet à l'œuvre, portées et déterminées par le nouveau processus de modernisation. Il s'agit d'identifier ces tendances le plus précisément possible, non pas pour prévoir l'avenir ou décider du futur, ce qui serait illusoire, mais pour évaluer les types d'impacts qu'elles sont susceptibles d'avoir sur les villes et les modes de

---

.../... et sociale, sur l'usage des transports publics et la lutte contre l'étalement urbain. Une charte s'efforce de codifier le New Urbanism, dont les principes sont évidemment loin d'être nouveaux, mais qui tranchent avec les formes urbaines qui se sont développées aux États-Unis dans et à proximité des grandes agglomérations. Ses références initiales étaient Seaside (une station balnéaire assez chic) et Celebration (la ville privée conçue et réalisée par Disney). Mais les promoteurs du New Urbanism s'efforcent de sortir de cette image de ville pour couches moyennes, de fait assez proche des modèles mis en œuvre dans les *gated communities* (les villes privées américaines), et de convaincre que leur démarche peut aussi servir à requalifier et à régénérer les zones dégradées.

vie urbains, et pour élaborer en conséquence des instruments susceptibles d'aider à gérer au mieux ces évolutions structurelles.

Cinq évolutions majeures nous semblent caractériser la troisième révolution urbaine moderne : la métapolisation, la transformation des systèmes urbains de mobilités, la formation d'espaces-temps individuels, la redéfinition des relations entre intérêts individuels, collectifs et généraux, de nouveaux rapports aux risques.

La métapolisation : les villes changent d'échelle et de forme

La métapolisation est un double processus de métropolisation et de formation de nouveaux types de territoires urbains, les métapoles.

On peut définir la métropolisation comme la poursuite de la concentration des richesses humaines et matérielles dans les agglomérations les plus importantes. C'est un processus avéré dans tous les pays développés, même s'il y prend des formes diverses qui tiennent aux spécificités régionales et nationales. Il résulte principalement de la globalisation et de l'approfondissement de la division du travail à l'échelle mondiale, qui rendent nécessaires et plus compétitives les agglomérations urbaines capables d'offrir un marché du travail large et diversifié, la présence de services de très haut niveau, un grand nombre d'équipements et d'infrastructures, de bonnes liaisons internationales. Les emplois, les commerces, les équipements sanitaires, éducatifs, culturels et de loisirs des grandes agglomérations attirent également les populations les plus qualifiées.

La métropolisation, comme la croissance précédente des villes, s'appuie sur le développement des moyens de transport et de stockage des biens, des informations et des personnes (le système bip) et sur les technologies qui accroissent leurs performances. Ainsi, la vitesse de déplacement des personnes dans les villes européennes a augmenté de près de trente pour cent en une quinzaine d'années, tandis que dans le même temps se développaient le téléphone portable et l'usage d'Internet, les compact-discs et les transmissions par satellites, et que se généralisait l'usage des congélateurs et des fours à micro-ondes. Ces moyens de transport et de stockage, performants et de plus en plus individualisés, donnent des formes nouvelles aux agglomérations urbaines. Se constituent ainsi des « métapoles », c'est-à-dire de vastes conurbations, distendues et discontinues, hétérogènes et multipolarisées.

Le processus d'urbanisation et de croissance des villes, qui a accompagné les deux premières phases de la modernisation et lui a servi de point d'appui, se poursuit donc, mais sous des formes nouvelles. La croissance interne des agglomérations, par extension à leurs périphéries immédiates et par densification, fait largement place à une croissance externe, c'est-à-dire par l'absorption dans leur zone de fonctionnement quotidien, de villes, de bourgs et de villages de plus en plus éloignés. Les limites et les différences physiques et sociales entre ville et campagne deviennent de plus en plus floues. La dilatation des territoires urbains pratiqués usuellement par les citadins affaiblit l'importance de la proximité dans la vie quotidienne : le quartier est beaucoup moins le lieu d'intégration des relations amicales, familiales, professionnelles, civiques ; les voisins immédiats sont de moins en moins des amis, des parents, des collègues, sauf dans quelques ghettos de riches et de pauvres. Le local change de nature et de sens : il est de plus en plus choisi et ne recouvre plus que des réalités sociales fragmentaires. De fait, même les habitants des villes privées nord-américaines (les *gated communities*) vivent à l'échelle métapolitaine : ils se déplacent beaucoup, quotidiennement, et de plus en plus loin.

Les formes métapolitaines, très liées aux moyens de transport et de communication, s'impriment progressivement sur tout le territoire, dans les zones comprenant de très grandes villes comme dans celles des villes moyennes. Les structures des réseaux de transports rapides (en *hubs and spokes*, c'est-à-dire en moyeux et rayons) marquent de plus en plus les systèmes et réseaux urbains. Les villes petites et moyennes s'efforcent ainsi de se connecter le mieux possible aux très grandes agglomérations pour bénéficier au maximum de leur urbanité (de leur potentiel).

La métapolisation, comme la globalisation, induit un double processus d'homogénéisation et de différenciation : homogénéisation, parce que les mêmes acteurs économiques ou le même type d'acteurs économiques sont présents avec les mêmes logiques dans tous les pays et dans toutes les villes ; différenciation, parce que la concurrence interurbaine s'élargit et s'aiguise, accentuant l'importance des différences. Les choix que les acteurs locaux peuvent faire sont ainsi de plus en plus nombreux, et la mise en contact des territoires « locaux » avec le « global » fait apparaître les différences et encourage à en jouer. C'est cette double dynamique d'homogénéisation et de différenciation qui constitue le cadre des politiques de développement local et qui ouvre un espace de débat, de transaction et de partenariat entre des acteurs économiques mobiles et les acteurs locaux. La globalisation active ainsi le local, à la fois parce qu'elle s'y confronte et parce qu'elle en vit. Et c'est, en dernière instance, la diversité des territoires qui fait bouger les hommes, les biens, les capitaux, les informations.

La transformation du système des mobilités urbaines

La globalisation et la métapolisation se nourrissent des technologies de transport et de communication, et en stimulent le développement. Mais, contrairement à ce qu'ont craint ou espéré les uns ou les autres, ces technologies ne remettent pas en cause la concentration métropolitaine, ni ne remplacent les villes réelles pas des villes virtuelles. L'usage des TIC, en particulier, ne se substitue pas terme à terme aux transports : les face-à-face, les contacts en direct restent des moyens de communication privilégiés ; l'accessibilité physique, la possibilité de rencontre sont plus que jamais les richesses premières des lieux urbains. En témoignent la hausse plus rapide des prix de l'immobilier à proximité des infrastructures de transports, comme la concentration spatiale des activités directionnelles, des commerces et des activités de loisirs. D'une certaine manière, on assiste même à un paradoxe : le développement des télécommunications banalise et finit par dévaloriser tout ce qui est audiovisuel – qui se médiatise et se stocke aisément – et valorise économiquement et symboliquement ce qui ne se télécommunique pas (encore ?), le « direct », les sensations tactiles, olfactives, gustatives, les événements, les fêtes... Le boom des activités sportives et de la restauration de loisir, le succès des cinémas multiplexes, la croissance des mobilités liées aux rencontres familiales et amicales, l'importance que prennent les grands événements sportifs et les festivals, sont autant d'indices de l'importance renouvelée du face-à-face et de l'expérience directe dans la vie urbaine.

Toutefois, les télécommunications contribuent à une transformation du système des mobilités urbaines, des biens, des informations et des personnes, et à de nouvelles structurations spatiales. Ainsi, le commerce électronique remplace une partie de la mobilité des consommateurs par le transport d'informations via Internet et par le déplacement marchand et professionnel d'un livreur. Cela est susceptible d'entraîner à terme des modifications importantes dans la localisation d'une partie des commerces, les biens de consommation n'ayant plus besoin d'être disponibles dans des centres commerciaux aux loyers chers, mais dans des entrepôts et à proximité de plates-formes logistiques. L'importance des flux de livraison modifiera également les problèmes et les modalités de gestion des circulations urbaines et du stationnement, en favorisant notamment le développement de systèmes de localisation et de guidage par satellite. Mais le commerce électronique ne remplace pas le commerce « traditionnel »; il le recompose. La croissance des consommations se poursuit parallèlement à celle de l'e-commerce. Toutefois, l'attractivité des magasins se pose en termes nouveaux: les consommateurs doivent pouvoir y trouver des produits, des informations, et y éprouver des sensations que ne procure pas l'e-commerce. C'est ce qui explique le développement du « commerce-loisir », des événements commerciaux, des *show-rooms*, des objets en « libre-toucher », des grandes surfaces où l'on peut expérimenter les produits et les matériels, voire apprendre à s'en servir.

L'usage de moyens de transport rapides et des TIC met ainsi en cause les systèmes anciens de centralité et les organisations urbaines radioconcentriques. Le centre géométrique des villes cesse d'être le lieu le plus accessible, notamment pour les citadins disposant d'automobiles. On assiste donc, notamment dans le domaine commercial, à une multiplication des polarisations.

La troisième révolution urbaine n'engendre ainsi pas une ville virtuelle, immobile et intravertie, mais une ville mobile et télécommunicante, faite d'arbitrages nouveaux entre les déplacements des personnes, des biens et des informations, animée par des événements qui exigent la co-présence, et dans laquelle la qualité des lieux mobilisera tous les sens, y compris le toucher, le goût, l'odorat.

La recomposition sociale des villes

L'individualisation des espaces-temps

L'accentuation de l'individualisation entraîne des changements dans les manières dont les citadins organisent leurs territoires et leurs emplois du temps. Ils s'efforcent de maîtriser individuellement leur « espace-temps » et, pour ce faire, utilisent de plus en plus intensivement tous les instruments et technologies qui accroissent leur autonomie, qui leur ouvrent la possibilité de se déplacer et de communiquer le plus librement possible. Les moyens de transport individuels (automobile, deux-roues, rollers, etc.) expriment chacun à leur manière cette exigence croissante d'autonomie et de vitesse. Les objets portables et, en premier lieu, les téléphones, témoignent de cette même recherche du « où je veux, quand je veux, comme je veux ». Cette exigence d'autonomie devient aussi une obligation dans la mesure où la société s'organise sur la base même de cette individualisation. L'histoire récente du téléphone mobile en témoigne: peu à peu, il devient indispensable pour participer à la vie urbaine, et ceux qui souhaitaient s'en passer sont obligés progressivement d'en acquérir un. La flexibilité et la personnalisation croissante des horaires de travail illustrent également la façon dont la société s'organise aujourd'hui sur la base d'une individualisation croissante, y compris pour maximiser les performances économiques.

Le développement des moyens de transport et des télécommunications ouvre également pour chaque individu des équivalences et des liens directs entre l'espace et le temps: les distances physiques ne se traduisent plus par des durées fixes de déplacement, mais changent selon les modes de transport et de communication, et selon les heures; les citadins peuvent de plus en plus choisir les lieux et les moments de leurs activités; ils peuvent aussi arbitrer entre un changement de lieu (un déplacement) et un changement de temps (une désynchronisation). De fait, les outils, techniques et modalités permettant de modifier les temps et les lieux des activités individuelles et collectives, constituent l'un des traits majeurs de la nouvelle révolution urbaine moderne. L'usage des messageries électroniques illustre parfaitement cette évolution, puisqu'elles permettent la transmission accélérée des informations et leur gestion décalée à partir de tout lieu connectable.

Toutes ces techniques sont à la fois des techniques de désynchronisation et de resynchronisation, de déplacement et de « replacement ». Le succès du couple micro-ondes/congélateur évoqué précédemment l'illustre bien: il favorise l'autonomie alimentaire des individus, et en même temps il rend possibles des repas collectifs faits de plats individuels différents. Il est l'instrument par excellence de la famille contemporaine dans laquelle les individus s'efforcent « d'être libres, ensemble ». Le téléphone portable est à la fois un outil de délocalisation et de relocalisation: il permet par exemple l'organisation rapide et au dernier moment des rassemblements des *rave parties*...

Le souci de pouvoir choisir le lieu et le moment de ses activités est aussi à la fois une réponse à l'incertitude d'une vie quotidienne moins routinière et faite de plus en plus de micro-événements, et en même temps un facteur de déroutinisation et d'accroissement des incertitudes. La flexibilité devient une notion clé dans le travail et dans le hors-travail, car elle permet de s'adapter à un contexte plus varié et à des circonstances moins prévisibles.

Cela engendre une crise des modes de régulation anciens. La sirène de l'usine, la cloche de l'église, la sonnerie de l'école ne rythment plus la vie urbaine, et Bison-futé se révèle de plus en plus incapable de prévoir les jours et les heures des bouchons. Les plages d'ouverture des commerces et des services s'allongent pour permettre à tous d'y accéder à tout moment, tandis que, dans certains pays, les villes et divers acteurs sociaux essaient de mettre sur pied de nouveaux dispositifs pour assurer à tous l'accessibilité de la ville et de ses services : bureaux du temps, schémas directeurs temporels, centres commerciaux et de services « de garde » vingt-quatre heures sur vingt-quatre. La société suscite également toutes sortes d'événements qui ont, entre autres mérites, celui de permettre des « relocalisations » et des « resynchronisations » collectives, de l'échelle du quartier à celle de la planète, du repas annuel entre voisins aux coupes du monde sportives, en passant par les festivals, les foires, les colloques et les congrès, etc.

De nouveaux types de services publics

L'individualisation de la vie urbaine provoque aussi une crise dans la conception et le fonctionnement des équipements et services publics. En effet, de même que les producteurs privés sont confrontés à une segmentation des marchés de plus en plus fine et fluctuante, qui les oblige à développer un marketing personnalisé, de même, les services publics, traditionnellement conçus sur la base d'une même prestation pour tous, doivent faire face à une inadaptation de leurs équipements et de leurs prestations au regard de la diversification des besoins sociaux. Le cas des transports publics illustre particulièrement cette crise et la nécessité de développer de nouvelles conceptions. Dans les métapoles en effet, les citadins se déplacent de plus en plus en tous sens, à toute heure du jour et de la nuit, de façons différentes et changeantes selon les jours et les saisons. Les déplacements pendulaires domicile-travail sont devenus minoritaires, de même que les déplacements radioconcentriques. Or, les transports publics, trains, tramways, bus classiques, ont été conçus sur le modèle « fordien », c'est-à-dire sur un principe répétitif, de production de masse et d'économies d'échelle: le même transport, sur le même itinéraire, pour tous, et en même temps. Ce type de transport reste performant, y compris du point de vue écologique, dans les zones denses et sur les grands axes. Mais cela ne représente qu'une part minoritaire et décroissante des transports. Les habitants des métapoles qui n'ont pas de moyens de transport individuels, et en particulier pas d'automobile, sont donc de plus en plus handicapés, parce que la ville leur est de moins en moins accessible avec les transports collectifs classiques, alors qu'elle leur est de plus en plus indispensable. La diminution des besoins en mobilité par le retour aux proximités des villes anciennes étant peu probable pour la plus grande partie de la population, il est nécessaire de développer des services publics de transport plus individualisés, desservant l'ensemble des territoires métapolitains, combinant les divers modes de transport et utilisant les possibilités qu'offrent les TIC, de façon à se rapprocher d'un service en « porte-à-porte » qui est aux transports ce que le *one to one* est au marketing.

L'autonomie croissante des individus se double par ailleurs de leur dépendance grandissante vis-à-vis de systèmes techniques de plus en plus élaborés et socialisés. Les moindres actes quotidiens dépendent ainsi de dispositifs complexes et généralement marchands. Ceux-ci constituent de fait des points d'appui pour les inégalités sociales, voire les redoublent en créant de nouveaux handicaps. Les difficultés économiques ou/et culturelles de certains groupes sociaux ou groupes d'âge à utiliser ces outils sont des facteurs d'inégalités qui rendent d'autant plus important le développement de nouveaux types de services publics adaptés aux villes de la troisième révolution urbaine. La complexité des pratiques sociales et des besoins et l'indispensable individualisation des prestations rendent également nécessaire de recourir à des principes d'équité plutôt que d'égalité lors de la conception de ces services et pour l'imputation de leur financement.

La redéfinition des relations entre intérêts individuels, collectifs et généraux

La diversification des intérêts individuels et collectifs

La troisième phase de la modernisation se caractérise notamment par des liens sociaux plus « faibles », moins stables, mais beaucoup plus nombreux et variés, imbriqués dans les réseaux multiples de la société hypertexte. Dans ce contexte, les groupes sociaux, entendus comme des groupes d'appartenance dont les membres partagent durablement un grand nombre de caractéristiques (revenus, culture, niveau de formation, etc.), tendent à perdre de leur importance objectivement et subjectivement. Les individus ont ainsi moins le sentiment de partager avec un même ensemble d'autres individus, un grand nombre d'intérêts dans plusieurs domaines. Cela complique très profondément le fonctionnement de la démocratie représentative qui est précisément fondée sur la capacité de représenter un groupe d'électeurs entre deux élections. Cela met en cause également toutes les organisations qui prétendent intégrer des positions sur un grand nombre de questions, dans un même ensemble idéologique ou dans un même programme. Cette évolution a des conséquences multiples qui participent à la troisième révolution urbaine moderne.

En premier lieu, elle rend nécessaire une refondation de l'architecture institutionnelle territoriale et un renouvellement des modalités de fonctionnement de la démocratie en général, de la démocratie locale en particulier. Les emboîtements de niveaux sur le principe des poupées russes (de l'arrondissement à l'Europe, en passant par la commune, l'agglomération, le pays, le canton, le département, la région, la nation) ne sont plus viables à moyen terme sous leurs formes actuelles. Dans une société à *n* dimensions, et dans des territoires qui changent de taille et de nature selon les pratiques et les mobilités individuelles, il devient nécessaire d'élaborer des dispositifs de nature étatique aux échelles relativement souples, fondés beaucoup plus fortement sur le principe de la subsidiarité, et permettant de consulter les populations et les acteurs plus en continu et sous des formes diverses. La démocratie électronique présente certes des dangers, car elle peut ne pas laisser assez de temps pour la réflexion et le débat, mais elle ouvre aussi des possibilités pour faire face aux nouveaux enjeux de la démocratie.

En second lieu, la dynamique de la société hypertexte oblige à renouveler profondément les modalités de définition des intérêts collectifs et de construction des décisions publiques, qu'il s'agisse de l'intérêt général à la française, ou de l'intérêt commun à l'anglo-saxonne. Le « nimbisme » (*not in my backyard*, « où vous voulez, mais pas chez moi ») et le développement du contentieux dans le domaine de l'aménagement reflètent la crise des légitimités publiques, la diversification et l'instabilité des intérêts collectifs.

En troisième lieu enfin, on assiste à l'émergence de problèmes liés au développement de nouvelles formes de ségrégation sociale. Celles-ci sont produites par plusieurs types de facteurs. Tout d'abord, il y a une tendance à la formation de ghettos de pauvres dans lesquels sont regroupées, par différents mécanismes économiques, sociaux et politiques, des populations exclues du développement économique, voire rejetées par les mutations socio-techniques. Le développement des moyens de transport donne ensuite des possibilités nouvelles de choix des localisations résidentielles, provoquant des regroupements de populations sur des bases qui peuvent mettre en cause la cohésion sociale et urbaine. On assiste ainsi dans certains pays à la formation de quartiers privés entourés de murs. Ces tendances à la fragmentation sociale et à la fermeture spatiale se doublent de la tentation de rupture du pacte social et des liens de solidarité locaux et nationaux. Ce mouvement s'accompagne en effet, ici ou là, en particulier aux États-Unis, d'un refus de plus en plus explicite de payer des impôts locaux au prétexte que ces quartiers pourraient devenir progressivement autosuffisants. Enfin, un troisième processus participe d'une certaine manière à la ségrégation sociale : il s'agit de la croissance des vitesses de déplacement. Une même « force ségrégative » différencie socialement l'espace au niveau de l'immeuble dans une ville où l'on se déplace à pied à six kilomètres-heure, au niveau des quartiers dans une ville où l'on se déplace en bus et en tramway à vingt kilomètres-heure, et au niveau des communes dans des villes où l'on se déplace en automobile à cinquante kilomètres-heure. De fait, la croissance des vitesses de déplacement oblige à penser dans des termes nouveaux les questions de mixité et de diversité sociales dans les villes contemporaines.

Une démocratie plus procédurale et plus délibérative, une solidarité plus réflexive

L'enjeu pour la société moderne avancée est donc de renouveler les conceptions et les modalités du politique, de la politique, et de la construction des décisions publiques, en particulier dans le champ des politiques urbaines. Ce n'est pas le lieu ici d'avancer des propositions concrètes. Mais il est clair que la démocratie sera d'autant plus efficace qu'elle sera en phase avec les structures, les modes de fonctionnement, les types de représentation caractéristiques de la société hypertexte. Cela implique une démocratie plus procédurale, plus réflexive et plus « compréhensive », c'est-à-dire qui prenne en compte la manière dont les individus eux-mêmes se représentent leurs situations, leurs comportements et leurs propres actions. La place que le débat doit ainsi prendre, non seulement dans la vie politique, mais dans le fonctionnement des appareils publics et étatiques, ne remet pas en cause la démocratie représentative, les règles majoritaires et la responsabilité des élus. Mais cette démocratie « moderne avancée » doit être beaucoup plus délibérative, car dans une société hypertexte complexe et improgrammable, non seulement la plupart des problèmes à résoudre sont imprévus et ne font donc pas l'objet d'un mandat de la part des électeurs, mais les majorités stables sur plusieurs sujets se font rares tandis que des minorités variables s'agrègent de façons diverses selon les circonstances. Le politique doit prendre en compte que l'action publique se construit aujourd'hui, au niveau local en tous les cas, plus par des dynamiques de projets que par la mise en œuvre d'un programme, plus par des solutions *ad hoc* que par application de normes, plus par des consensus partiels que par de grands accords globaux. Aussi, les règles majoritaires et la responsabilité des élus ne doivent-elles trancher, lors des désaccords sur des points importants, qu'*in fine*, quand tous les autres moyens de produire un large consensus ont échoué. La légitimité d'une décision publique et son efficacité sont en effet d'autant plus grandes qu'elle a été élaborée au travers d'un processus qui réunit les protagonistes autour d'un enjeu commun. Et ce supplément de légitimité apporté par la négociation est particulièrement nécessaire dans une société aux références et aux codes diversifiés, voire proliférants. C'est tout l'avantage d'une gouvernance interactive par rapport aux méthodes traditionnelles de gouvernement.

Les revendications dites catégorielles, de même que l'individualisme tel qu'il s'institutionnalise aujourd'hui, ne doivent par ailleurs pas être considérés comme des égoïsmes, mais comme les expressions de nouvelles structures sociales qui nécessitent de redéfinir les notions de solidarité et de responsabilité. Aussi, plutôt que de parler du déclin de la morale, il faut envisager avec cette modernité avancée une « transition morale » qui achève l'émancipation des individus vis-à-vis des obligations imposées par des règles « supérieures » et par rapport aux définitions normatives de la valeur des conduites, et qui fonde le respect de règles, de codes et de valeurs collectives sur une conscience réflexive de leur nécessité sociétale. Il est clair toutefois que tous les problèmes ne pourront être résolus par le débat et que, pour certains d'entre eux, les conflits seront inévitables voire nécessaires...

Des villes de tous les risques

Si, comme l'affirme le dicton médiéval « l'air de la ville rend libre », la contrepartie est que la ville est aussi le lieu de tous les périls, physiques et moraux. De fait, les villes ont toujours été ambivalentes du point de vue de la sécurité, assurant à la fois des protections diverses, mais suscitant également toutes sortes de dangers. Cette double nature de la ville est confortée aujourd'hui par la dynamique de modernisation qui continue de modifier les rapports de la société et des individus vis-à-vis des aléas et des dangers, qui les transforment en risques. La société moderne a en effet pour caractéristique de toujours s'efforcer de maîtriser le futur, et pour cela elle essaye de connaître et de mesurer les probabilités que survienne tel ou tel événement, et en déduit ses choix. Le risque, qui est une notion caractéristique de la modernité, envahit aujourd'hui toutes les pratiques sociales et donne naissance à une « société du risque »: tant les individus que les acteurs économiques et sociaux font en effet du risque une question clé et permanente de leur vie et de leurs actions.

Le paradoxe de la modernisation est que le développement des connaissances et des techniques, et la circulation accélérée et étendue des informations, accroissent les risques: les progrès des sciences font ainsi apparaître sans cesse de nouveaux risques liés à la pollution, au rejet des gaz carboniques dans l'atmosphère, à l'usage de systèmes de réfrigération, etc. Les progrès de l'information ont aussi amené la diffusion immédiate de faits divers, contribuant à donner le sentiment d'un monde urbain périlleux. Mais l'augmentation du risque ne se réduit très certainement pas au sentiment que la société est plus dangereuse. Car, d'une part, les exigences de sécurité croissent, et, d'autre part, certaines insécurités augmentent effectivement. La puissance des techniques aujourd'hui est en effet à double tranchant : elles ouvrent des possibilités nouvelles, mais augmentent aussi les dégâts qu'elles peuvent provoquer. De plus, la société hypertexte émergente peine à trouver ses nouvelles formes de régulation et on assiste dans un certain nombre de pays à une augmentation des « violences urbaines » et des délits de toutes sortes.

Ces nouveaux rapports au risque, à l'incertitude, à l'avenir, fondent en grande partie le succès des problématiques en termes de développement durable. Car, parallèlement, la poursuite du processus de modernisation continue de transformer le rapport de la société à la nature. Aujourd'hui, ce qui est « nature » est vécu comme quelque chose d'inséré dans le social, qui relève de décisions, qui peut et doit être maîtrisé, protégé. La notion de « patrimoine naturel » exprime ainsi une attitude profondément moderne d'appropriation de la nature par les sociétés humaines.

La « risquisation » de la société, c'est-à-dire la place grandissante prise par les préoccupations en termes de sécurité physique, économique, sociale, familiale, résulte donc à la fois de la croissance des incertitudes de toutes sortes, et de l'ambition toujours plus grande de réaliser des projets, de mettre en œuvre des stratégies, de maîtriser l'avenir. De ce fait, les individus comme les acteurs sociaux et économiques sont de plus en plus à la recherche de tout ce qui peut assurer, rassurer, produire de la confiance. C'est dans ce cadre qu'il faut situer le « principe de précaution », qui connaît aujourd'hui un succès tel que sa mise en œuvre en devient particulièrement difficile. Le principe de précaution surgit en effet lorsqu'il y a incertitude sur les conséquences possibles d'une décision, soit parce que l'on n'arrive à pas à les connaître ou à les mesurer, soit parce que les experts ne sont pas d'accord. Lorsque les impacts sont connus ou connaissables, le principe de précaution n'a pas besoin d'être convoqué, car on est dans le cadre d'un exercice normal du choix et de la responsabilité. Et il ne faut pas confondre le fait d'être précautionneux avec l'application du « principe de précaution ». Celuici renvoie spécifiquement aux procédures à engager lorsque l'on ne sait pas: il reporte de ce fait sur le politique tout le poids de la décision, de la mesure suspensive ou dilatoire, ou de la prise de risque.

Risque et principe de précaution constituent ainsi des éléments déterminants du contexte dans lequel agissent aujourd'hui les pouvoirs publics, les urbanistes, les aménageurs et tous les acteurs privés et associatifs qui s'impliquent dans la production et la gestion des villes.

IV
Les principes d'un nouvel urbanisme

La troisième révolution urbaine moderne qui s'esquisse, avec la nouvelle phase de modernisation des sociétés occidentales, engendre des mutations profondes dans les modes de conception, de réalisation et de gestion des villes. L'évolution des besoins, des façons de penser et d'agir, des liens sociaux, le développement de nouvelles sciences et technologies, le changement de nature et d'échelle des enjeux collectifs, donnent ainsi naissance peu à peu à un nouvel urbanisme que nous qualifierons de néo-urbanisme pour le distinguer du paléo-urbanisme de la première révolution urbaine moderne, et de l'urbanisme dont le concept lui-même a été inventé à l'occasion de la deuxième révolution moderne.

Les catégories qui étaient précédemment au cœur de la conception des villes doivent ainsi être revisitées, pour les actualiser ou les remettre en cause. Qu'en est-il en effet aujourd'hui de la notion de limite, et comment concevoir les espaces alors que se brouillent les distinctions entre ville et campagne, entre public et privé, entre intérieur et extérieur ? Qu'en est-il des notions de distance, de continuité, de densité, de diversité, de mixité, alors que les vitesses de déplacement des biens, des informations et des personnes s'accroissent de façon considérable ? Qu'en est-il des équipements collectifs et des services urbains dans une société aux pratiques et aux besoins de plus en plus variés et individualisés ? Comment décider et agir pour le bien de la collectivité dans une société changeante et diversifiée ? Comment penser et faire des villes performantes, attrayantes et équitables, dans le contexte de la société hypertexte et du capitalisme cognitif ?

C'est à ces questions que nous nous proposons d'essayer de répondre en identifiant quelques défis majeurs et en esquissant les façons dont un nouvel urbanisme pourrait y faire face.

1. Élaborer et gérer des projets dans un contexte incertain

De la planification urbaine au management stratégique urbain [1]

L'urbanisme moderne définissait un programme à long terme pour une ville et en arrêtait les principes d'organisation spatiale (sous la forme de schémas directeurs par exemple), puis en déduisait des plans

1. Stratégie : ensemble d'objectifs opérationnels choisis pour mettre en œuvre une politique préalablement définie.
Management : application d'un ensemble de connaissances concernant l'organisation et la gestion pour assurer le fonctionnement d'une entreprise ou d'une institution, pour élaborer et réaliser avec elle des projets.

d'urbanisme visant à faire rentrer les réalités à venir dans le cadre prédéfini. Les plans et les schémas étaient destinés à maîtriser le futur, à réduire l'incertitude, à réaliser un projet d'ensemble.

Le néo-urbanisme s'appuie sur des démarches plus réflexives, adaptées à une société complexe et à un avenir incertain. Il élabore une multiplicité de projets de nature variée, s'efforce de les rendre cohérents, construit une démarche stratégique pour leur mise en œuvre conjointe, et tient compte dans la pratique des événements qui surviennent, des évolutions qui s'esquissent, des mutations qui s'enclenchent, quitte à réviser si nécessaire les objectifs qu'il a arrêtés ou les moyens retenus initialement pour les réaliser. Il devient un management stratégique urbain qui intègre la difficulté croissante de réduire les incertitudes et les aléas d'une société ouverte, démocratique et marquée par les accélérations de la nouvelle économie. Il articule de façon nouvelle par des va-et-vient multiples, le long terme et le court terme, la grande échelle et la petite, les intérêts les plus généraux et les intérêts les plus particuliers. Il est à la fois stratégique, pragmatique et opportuniste.

La notion moderne de projet est plus que jamais au cœur de cet urbanisme. Mais le projet n'y est plus seulement un dessein doublé d'un dessin. C'est aussi un outil dont l'élaboration, l'expression, le développement et la mise en œuvre révèlent les potentialités et les contraintes qu'imposent la société, les acteurs en présence, les sites, les circonstances et les événements. Le projet est également un analyseur et un outil de négociation.

Le néo-urbanisme bouleverse ainsi les anciennes chronologies qui enchaînaient le diagnostic, l'identification des besoins et l'élaboration éventuelle de scénarios, la programmation, le projet, la réalisation et la gestion. Il remplace cette linéarité par des démarches heuristiques [1], itératives [2], incrémentales [3] et récurrentes [4], c'est-à-dire par des actes qui servent en même temps à élaborer et tester des hypothèses, par des réalisations partielles qui réinforment le projet et rendent possibles des démarches plus précautionneuses et plus durables, par des évaluations qui intègrent les feed-back [5] et se traduisent éventuellement par la redéfinition d'éléments stratégiques.

Le management stratégique urbain n'est donc pas un urbanisme allégé à pensée faible ; il est à l'opposé des thèses spontanéistes, des postulats du chaos créatif, des idéologies simplistes du « tout-marché ». Mais il s'efforce d'exploiter les événements et les forces les plus diverses de façon positive par rapport à ses objectifs stratégiques.

---

1. Méthode heuristique : qui sert à la découverte, qui procède par évaluations successives et hypothèses provisoires.
2. Itération : méthode de résolution d'une équation par approximations successives.
3. Incrément : quantité dont on accroît une variable à chaque cycle d'une boucle d'un programme.
4. Série récurrente : dont chaque terme est une fonction des termes immédiatement précédents.
5. Feed-back : réglage des causes par les effets. Modification de ce qui précède par ce qui suit. Voir contre-réaction et rétroaction.

2. Privilégier les objectifs par rapport aux moyens

Des règles exigencielles aux règles performancielles [1]

L'urbanisme moderne s'assurait les moyens de réaliser ses projets par des règles simples, aussi impératives et stables que possible : zonages, fonctions, densités, hauteurs, etc. Les règles étaient de nature exigencielle, c'est-à-dire qu'elles fixaient en même temps les objectifs et les manières de les atteindre.

Le néo-urbanisme privilégie les objectifs, les performances à réaliser, et laisse voire encourage les acteurs publics et privés à trouver les modalités de réalisation de ces objectifs les plus efficientes pour la collectivité et pour l'ensemble des intervenants. Cela nécessite de nouveaux types de formulation des projets et des réglementations. Il faut trouver des moyens pour qualifier et quantifier les caractéristiques souhaitables d'un lieu, son environnement, son ambiance, son accessibilité, sa desserte en équipements collec-tifs et en services urbains. Cette complexification des normes est rendue particulièrement nécessaire par la diversité croissante des territoires et des pratiques urbaines, par l'augmentation des exigences qualitatives, par la difficulté grandissante à appliquer des démarches égalitaires et la nécessité de les remplacer par des approches plus subtiles et moins figées, fondées sur des principes d'équité. Les

---

1. Exigenciel : qui relève d'une exigence, c'est-à-dire qui est imposé par une discipline, une soumission, un ordre, une loi.
Performanciel : qui s'attache à la performance, c'est-à-dire au résultat optimal qu'une machine, un être vivant ou une organisation peut obtenir.

plans d'urbanisme dits « qualitatifs » s'inscrivent dans cette nouvelle perspective de règles qui privilégient le projet plus que les moyens, y compris du point de vue architectural et paysager.

Cet urbanisme performanciel doit s'efforcer de produire des règles à la fois facilitantes et contraignantes. Il requiert de ce fait des compétences techniques et professionnelles beaucoup plus élaborées. Il exige en effet non seulement des capacités nouvelles pour définir des projets de façon plus essentielle, plus stratégique, mais aussi des connaissances et des outils pour intégrer les logiques des acteurs, pour évaluer leurs propositions, pour juger de leur conformité au regard des objectifs et de leur efficience pour la collectivité, pour identifier et mesurer leurs effets plausibles. Cet urbanisme est aussi beaucoup plus créatif, car il mobilise des intelligences multiples et des logiques variées, en particulier celles des acteurs qui réalisent les opérations urbaines.

3. Intégrer les nouveaux modèles de performance

De la spécialisation spatiale à la complexité de la ville de tous les réseaux

L'urbanisme moderne, très marqué par la pensée taylorienne et fordienne, cherchait la performance dans les économies d'échelle, dans la simplification et la répétition des fonctions urbaines, et leur affectation à des espaces dédiés. Le zonage et les grands ensembles ont exprimé très fortement cette logique.

Le néo-urbanisme intègre les nouveaux modèles de productivité et de gestion, les apports des sciences de l'organisation, les technologies de l'information et de la communication. Il cherche moins à simplifier des réalités compliquées, et s'efforce avant tout de jouer avec des territoires et des situations complexes. La performance voire la durabilité s'obtiennent plutôt par la variété, la flexibilité, la réactivité.

Les solutions uniques et monofonctionnelles, fragiles et peu adaptables font place à des réponses multifonctionnelles et redondantes, plus à même de faire face aux évolutions, à la variété des circonstances, aux dysfonctionnements et aux crises. Les performances urbaines sont plus souvent fondées sur la mise en commun et la coordination de potentiels localisés variés que sur la massification. Les économies de variété priment sur les économies d'échelle.

Cela doit se traduire par une plus grande diversité fonctionnelle des zones urbaines, par une multicentralité, par la polyvalence d'une partie des équipements et des services, et par un renforcement du rôle des transports et des divers réseaux qui, plus que jamais, assurent l'efficacité d'ensemble des systèmes urbains métapolitains. Les lieux de connexion entre les différents réseaux prennent une importance accrue et font en particulier de l'intermodalité dans les transports, un enjeu clé dans les dynamiques urbaines.

Les contraintes durables et non circonstancielles d'économie des ressources non renouvelables, de préservation des patrimoines naturels et culturels et de lutte contre l'effet de serre créent également des externalités qui modifient les calculs économiques et les choix urbains, et qui joueront probablement progressivement sur les formes urbaines en favorisant les réaffectations d'usage, une réutilisation plus intensive des zones déjà urbanisées, et une maîtrise plus grande de la consommation d'espace.

Les professionnels de l'urbanisme seront conduits à développer dans leurs propres pratiques l'usage de ces nouveaux modèles de performance, et à utiliser les potentialités des TIC dans leurs propres activités. Les banques de données urbaines, les modèles de simulation et de visualisation en trois dimensions ouvrent en effet des possibilités considérables qui rétroagissent sur le contenu des projets eux-mêmes. Les progrès des sciences et des techniques dans les divers domaines de l'urbanisme rendront également nécessaire le renouvellement des profils professionnels et des types de dispositifs pluridisciplinaires permanents (services techniques locaux, agences d'urbanisme, organismes d'aménagement, bureaux d'études multidisciplinaires). L'enjeu est d'assurer à la fois la continuité et la capitalisation des expériences et des connaissances, et des fonctionnements par projets qui permettent d'associer des experts de haut niveau.

4. Adapter les villes à la diversité des besoins

Des équipements collectifs aux équipements et services individualisés

L'urbanisme moderne privilégiait des solutions permanentes, collectives et homogènes pour répondre aux besoins et demandes d'habitat, d'urbanisme, de transport, de loisirs, de commerce. La production de masse répétitive du service permettait également d'amortir des équipements coûteux : le même service pour tout le monde, et généralement en même temps.

Le néo-urbanisme et les services publics urbains doivent aujourd'hui prendre en compte le processus d'individualisation qui marque l'évolution de nos sociétés. La diversification des situations et des besoins rend ainsi nécessaire une plus grande variété et une personnalisation des solutions. Cette évolution n'est pas nouvelle : l'équipement collectif bain-douche est devenu salle de bains familiale, puis parfois individuelle ; l'horloge et la cloche, anciennement équipements collectifs sont devenus des montres individuelles ; le téléphone est également passé de l'équipement collectif à l'équipement des lieux privés puis, avec le téléphone mobile, à l'équipement de la personne.

Cette personnalisation des services nécessite des réseaux et des systèmes techniques plus complexes qui recourent de façon déterminante aux nouvelles technologies de l'information et de la communication. Tous les équipements collectifs traditionnels ne deviennent pas obsolètes (universités, hôpitaux, stades, etc.), mais ils doivent intégrer de façon nouvelle cette notion de service individualisé et s'appuyer sur les techniques avancées de transport et de télécommunication. Cela engendre de nouveaux dispositifs complexes, comme en témoigne par exemple le système associant, grâce à un usage intensif des transports et des télécommunications, des centres hospitaliers regroupant toutes les disciplines à un haut niveau de spécialisation, les hôpitaux de proximité, l'hospitalisation à domicile, les services de soins ambulants, les

Samu, les dispensaires et la médecine dite de ville. Dans le domaine des transports, se développent également des « centrales de mobilité », qui collectent et mettent à la disposition des citadins une information en tant réel sur les horaires des transports collectifs, les disponibilités des taxis, des transports à la demande, des parcs de stationnement, l'état du trafic, les tarifs, etc. Ces dispositifs ouvrent les possibilités de choix des individus et rendent possibles de nouveaux types de services adaptés à une grande variété de situations.

5. Concevoir les lieux en fonction des nouvelles pratiques sociales

Des espaces simples aux espaces multiples

L'urbanisme moderne a développé la ville sur la base d'un partage dominant attribuant plutôt au « public » la responsabilité des espaces extérieurs, des grandes infrastructures et des équipements collectifs, et plutôt au privé les superstructures. Les limites et définitions du privé et du public diffèrent d'un pays à un autre, mais c'est globalement ce même modèle qui a structuré la plupart des villes occidentales.

Le néo-urbanisme est confronté au brouillage de ce modèle. Un nombre croissant d'infrastructures et d'équipements entremêlent des interventions publiques et privées dans des formes diversifiées de partenariats, de concessions et de prestations croisées de services. Les statuts juridiques et pratiques des espaces sont de moins en moins homogènes et ne recouvrent plus les distinctions accès public et privé, accès libre et accès réservé, intérieur et extérieur, infrastructure et superstructure, équipement et service. Les nouvelles technologies participent à ces recompositions : elles permettent par exemple de dissocier la production, le transport et la distribution des divers fluides (eau, électricité, téléphone), sapant les fondements anciens des modalités d'exercice des services publics ; elles rendent possible la modification des péages et par là l'évolution de la conception et du financement des infrastructures ; enfin, par Internet, elles créent de nouveaux types de quasi-espaces publics « virtuels » qui pénètrent au cœur des foyers et des entreprises.

La société hypertexte qui sépare les champs des pratiques sociales, mobilise les TIC pour rendre possible l'appartenance simultanée à plusieurs types d'espaces : ainsi, l'usage des équipements individuels portables permet de développer des activités de nature différente dans un même lieu : de travailler dans un transport, de télécommuniquer à partir d'un espace public, etc. Le néo-urbanisme doit s'efforcer d'aménager ces possibilités, de concevoir des espaces multiples à *n* dimensions sociales et fonctionnelles, des hyperespaces combinant le réel et le virtuel, propices tant à l'intimité qu'à des sociabilités variées. Les nouvelles technologies de l'information et de la communication impriment également aux villes la marque de leurs structures et en particulier la distinction entre hardware et software.

La prise en compte des pratiques urbaines conduit enfin les concepteurs à intégrer de plus en plus fortement les contraintes d'exploitation et de gestion des espaces et des équipements urbains. Cela contribue à redéfinir les frontières et les modalités d'exercice des divers métiers de l'urbanisme car celui-ci doit intégrer plus directement les exigences de la gestion future des espaces qu'il contribue à produire.

6. Agir dans une société fortement différenciée

De l'intérêt général substantiel à l'intérêt général procédural[1]

L'urbanisme moderne s'est construit sur des conceptions substantielles de l'intérêt général ou de l'intérêt commun. Il faut entendre par là que les décisions publiques, les plans avec leurs obligations et leurs interdictions, les réalisations publiques, les exceptions au droit d'user librement de sa propriété (servitudes), les expropriations, les impôts, étaient légitimés par des intérêts collectifs admis comme supérieurs aux intérêts individuels.

La société hypertexte, faite de multi-appartenances, de mobilités et de territoires sociaux et individuels à géométrie variable, confronte le néo-urbanisme à une diversité mouvante d'intérêts et à une com-

---

1. Substantiel : qui appartient à la substance, à l'essence, à la chose en soi.
Procédural : qui permet de décomposer un programme en modules, en procédures, c'est-à-dire en manières de procéder pour aboutir à un résultat dans la conduite d'une opération complexe.
Une démarche procédurale privilégie la manière de faire ; une démarche substantielle privilégie le résultat.

plexité d'enjeux qui se concrétisent de plus en plus difficilement dans des intérêts collectifs stables et acceptés par tous. Les élus locaux, l'État, les urbanistes et les experts de toutes sortes, peuvent ainsi de moins en moins prétendre fonder leurs actions et leurs propositions sur un intérêt général ou commun objectif et unique. De plus, le développement des sciences et des techniques met en évidence des complexités irréductibles là où, autrefois, il n'y avait que complications à simplifier: l'expertise qui fondait souvent la décision dite d'intérêt général est remplacée par la controverse entre experts, ce qui confronte les décideurs à l'épineux principe de précaution. Une décision ne peut plus être considérée comme étant d'intérêt général ou commun du seul fait de sa substance objective. C'est la manière, la « procédure » selon laquelle elle a été élaborée et éventuellement coproduite par les acteurs concernés, qui lui confère *in fine* son caractère d'intérêt général. Les divergences et conflits se résolvent ainsi moins par des majorités, car elles sont de plus en plus circonstancielles, et plus par des compromis qui permettent de traiter une variété de situations collectives.

Les procédures d'identification et de formulation des problèmes, de négociation de leurs termes, prennent donc une importance croissante et décisive. La participation – sous des formes diverses – à ce processus, dès son initialisation, des habitants, des usagers, des riverains et de tous les acteurs concernés, devient essentielle. Il ne s'agit plus seulement de débattre entre des options différentes, d'améliorer les solutions proposées, mais de coproduire le cadre de référence et la formulation même des enjeux.

Ces démarches procédurales modifient la nature de l'intervention des experts et des professionnels, et plus particulièrement les tâches des urbanistes. Ceux-ci doivent inscrire leur intervention dans des processus de longue durée, qui s'accommodent parfois mal avec les logiques du marché et les changements politiques locaux. De plus, ils peuvent de moins en moins assimiler leur intervention à l'intérêt général et ils sont conduits à mettre leurs compétences au service de divers groupes et acteurs. Cela introduit de façon nouvelle les questions de l'éthique et de la déontologie dans ce champ professionnel.

Le néo-urbanisme privilégie la négociation et le compromis par rapport à l'application de la règle majoritaire, le contrat par rapport à la loi, la solution *ad hoc* par rapport à la norme.

7. Requalifier les missions des pouvoirs publics

De l'administration à la régulation

Les pouvoirs publics ont administré l'urbanisme moderne, c'est-à-dire qu'ils ont assuré l'application des lois, des plans et des règlements, les missions d'intérêt général et la marche des services dans le champ urbain. Cette « administration » était cohérente avec un urbanisme qui interdisait et contrôlait autant qu'il projetait, qui appliquait des principes et des solutions, et qui pour ce faire avait une tendance structurelle à nier les spécificités des villes, des sites, des cultures ou à les réduire à un simple décor.

Le néo-urbanisme s'efforce de construire les problèmes cas par cas et d'élaborer des réponses spécifiques à chaque situation. Il accumule et mobilise l'expérience, les savoirs et les techniques, non pour appliquer des solutions répétitives, mais pour accroître ses potentialités d'adaptation à des contextes particuliers, changeants, incertains. Il agit au sein d'un système complexe d'acteurs, dont les logiques sont variées et qui fonctionnent dans un milieu de plus en plus ouvert. Pour cela, il lui faut produire des cadres communs d'action et des règles du jeu qui ne s'opposent pas aux logiques des acteurs, mais les concilient, les utilisent au profit de ses propres projets, produisent des synergies [1]; et il arbitre lorsque les situations paraissent inextricables et que les autorégulations sont défaillantes.

Le néo-urbanisme privilégie donc la régulation sur l'administration. Les pouvoirs publics s'efforcent ainsi d'assurer le fonctionnement « régulier » des systèmes d'acteurs urbains; ils agissent de manière à limiter les dysfonctionnements et les incohérences. Ils impulsent les démarches procédurales d'intérêt général. Autant que possible, ils font faire plutôt qu'ils ne font, pour exploiter au mieux les compétences et les performances des spécialistes. Mais ils contrôlent aussi, évaluent, corrigent, compensent, et éventuellement sanctionnent. Cela nécessite des compétences techniques, des systèmes d'observation et des bases de données beaucoup plus élaborées que celles qui étaient à la disposition des administrations, dont l'activité était beaucoup plus

1. Synergie : action coordonnée de plusieurs organes, association de plusieurs facteurs qui concourent à une action, à un effet unique.

normée et répétitive. Le néo-urbanisme entraîne ainsi une requalification des missions et des personnels travaillant pour le compte des pouvoirs publics.

8. Répondre à la variété des goûts et des demandes

D'une architecture fonctionnelle à un design urbain attrayant

L'urbanisme moderne s'est appuyé sur des architectures et des formes urbaines en correspondance avec son idéologie fonctionnaliste et s'est efforcé de les généraliser. Il a mis en œuvre des conceptions globales de la ville, voire totalitaires, n'hésitant pas dans certains cas à faire table rase du passé, ou à proposer de le faire. Toutefois, il a développé aussi la notion typiquement moderne de « patrimoine », conservant des villes qui l'ont précédé, des vestiges, des monuments pour la mémoire, et des éléments particuliers pour leur valeur artistique.

Le néo-urbanisme en revanche admet la complexité et doit proposer une variété de formes et d'ambiances architecturales et urbaines à une société de plus en plus différenciée dans sa composition, ses pratiques et ses goûts. Confronté à une ville de plus en plus mobile, dans laquelle les acteurs peuvent de plus en plus choisir leurs lieux, le néo-urbanisme doit séduire. Il s'efforce de proposer une sorte de ville à la carte, qui offre des combinaisons variées de qualités urbaines. Pour cela, il n'hésite pas à utiliser les formes anciennes et les styles vernaculaires, tout autant que les types modernes. Ayant rompu avec les idéologies simplificatrices et totalitaires du progrès, il s'accommode de la complexité des villes dont il hérite et il en joue. Il patrimonialise ainsi de plus en plus le bâti existant, soit en le muséifiant et en l'intégrant à la nouvelle économie culturelle et touristique urbaine, soit en le réutilisant et en l'affectant à de nouveaux usages. Le néo-urbanisme essaie autant que possible d'utiliser les dynamiques du marché pour produire ou conserver les valeurs symboliques de la ville ancienne.

Le nouvel urbanisme met à profit la variété des architectures et des formes urbaines pour fabriquer des villes diversifiées, ouvrir les choix, rendre possibles les changements à l'échelle métapolitaine. Ce faisant, il donne d'une certaine manière une importance renouvelée à la question des styles architecturaux en les émancipant en partie des choix urbains fonctionnels et morphologiques. Mais il inscrit aussi ces choix esthétiques, lorsqu'ils impliquent des espaces publics, dans des procédures du débat démocratique, modifiant le cadre d'action des créateurs et leur rapport avec le public et le politique.

9. Promouvoir une qualité urbaine nouvelle

Des fonctionnalités simples à un urbanisme multisensoriel

L'urbanisme moderne a développé un fonctionnalisme assez élémentaire, tant par le choix des fonctions (travailler, se loger, se divertir, s'approvisionner, se déplacer...) que par les manières d'y répondre.

Le néo-urbanisme développe une approche fonctionnelle beaucoup plus fine, prenant en compte la complexité et la variété des pratiques urbaines et y répondant par des solutions aussi multifonctionnelles que possible. Confronté à des exigences de plus en plus élevées, et à des formes de concurrence multiples entre espaces, il s'efforce d'offrir dans les lieux publics et les espaces extérieurs une qualité équivalente à celle des lieux privés et des espaces intérieurs. Il prend en compte les dimensions multisensorielles de l'espace et s'attache à travailler non seulement le visible, mais aussi le sonore, le tactile et l'olfactif. Le design multisensoriel des villes permet de créer des ambiances diversifiées, plus confortables, plus attractives, et plus commodes également pour les personnes souffrant de handicaps sensoriels et moteurs.

10. Adapter la démocratie à la troisième révolution urbaine

Du gouvernement des villes à la gouvernance métapolitaine

L'urbanisme moderne nécessitait des modes de gouvernement des villes fermes, décidés et disposant de pouvoirs forts pour être capables non seulement d'imposer des règles et de les faire respecter, mais également d'animer le changement de façon volontaire. Cette autorité s'appuyait sur des relais sociaux locaux de toutes sortes, l'école, l'église, le commerce local. Ce type de gouvernement des villes a été assuré de façon plus ou moins centralisée selon les pays.

Le néo-urbanisme est confronté à des groupes sociaux diversifiés, à des individus multi-appartenants, à des territoires socialement et spatialement hétérogènes, à une vie associative proliférante mais souvent éphémère, à l'affaiblissement des médiateurs locaux qu'étaient les instituteurs, les prêtres, les commerçants de quartier, les concierges, etc. Il doit s'appuyer sur des logiques technico-économiques privées qui diffèrent assez profondément des cultures et des façons de faire publiques. Il nécessite de nouvelles formes de conception et de mise en œuvre des décisions publiques, permettant de consulter et d'associer des habitants, des usagers, des riverains, des acteurs, des experts plus variés, en amont et en aval des prises de décision.

Le gouvernement des villes fait ainsi place à la gouvernance urbaine, que l'on peut définir comme un système de dispositifs et de modes d'action qui associe aux institutions des représentants de la société civile, pour élaborer et mettre en œuvre les politiques et les décisions publiques.

La gouvernance urbaine implique un enrichissement de la démocratie représentative par de nouvelles procédures délibératives et consultatives. Elle nécessite à la fois une relation plus directe avec les citoyens, et des formes démocratiques de représentation à l'échelle des métapoles, qui est l'échelle à laquelle doivent se prendre les décisions urbaines structurantes et stratégiques. Cette mise à niveau de la démocratie locale est un des éléments clés de l'avenir des villes et plus largement des sociétés occidentales. Le risque est en effet très fort que l'autonomie grandissante des individus et la force croissante de l'économie de marché, n'approfondissent les inégalités sociales actuelles, voire n'en suscitent de nouvelles. Et la démocratie de voisinage sans la démocratie métapolitaine ne peut suffire pour faire prendre conscience aux citadins que leurs sorts sont liés. En revanche, le débat démocratique sur l'avenir et la gestion de leur métapole peut contribuer à développer cette solidarité réflexive, nécessaire à toutes les échelles, de la plus locale à la plus globale, et dont dépend l'avenir de nos sociétés.

En conclusion, pour résumer et qualifier ce néo-urbanisme qui s'ébauche aujourd'hui, en tout cas dans le monde occidental, nous pouvons dire que c'est:

– un urbanisme de dispositifs: il s'agit moins de faire des plans que de mettre en place des dispositifs qui les élaborent, les discutent, les négocient, les font évoluer;

– un urbanisme réflexif: l'analyse ne vient plus avant la règle et le projet, mais elle est présente en permanence. La connaissance et l'information sont mobilisées avant, pendant et après l'action. Réciproquement, le projet devient aussi pleinement un instrument de connaissance et de négociation;

– un urbanisme précautionneux, qui fait une place aux controverses, et qui se donne les moyens de prendre en compte les externalités et les exigences du développement durable;

– un urbanisme concourant: la conception et la réalisation des projets résultent de l'intervention d'une multiplicité d'acteurs aux logiques différentes, et de la combinaison de leurs logiques;

– un urbanisme réactif, flexible, négocié, en phase avec les dynamiques de la société;

– un urbanisme multivarié, fait d'éléments hybrides, de solutions multiples, de redondances, de différences;

– un urbanisme stylistiquement ouvert qui, en émancipant le design urbain des idéologies urbanistiques et politico-culturelles, fait une place nouvelle aux choix formels et esthétiques ;

– un urbanisme multisensoriel, qui enrichit l'urbanité des lieux.

Autrement dit, le néo-urbanisme est une démarche particulièrement ambitieuse, qui nécessite plus de savoirs, plus d'expériences et plus de démocratie.

Bibliographie

ASCHER François, *Ces événements nous dépassent, feignons d'en être les organisateurs. Essai sur la société contemporaine*, l'Aube, 2001.

ASCHER François, *la République contre la ville. Essai sur l'avenir de la France urbaine*, l'Aube, 1998.

ASCHER François, *Métapolis, ou l'avenir des villes*, Éditions Odile Jacob, 1995.

BAIROCH Paul, *De Jéricho à Mexico, villes et économie dans l'histoire*, Gallimard, 1985.

BECK Ulrich, *Risk Society : Towards a New Modernity*, Sage, 1986.

BECK Ulrich, GIDDENS Anthony, LASH Scott, *Reflexive Modernization. Politics, Tradition and Aesthetics in the Modern Social Order*, Cambridge, Polity Press, 1994.

BONNET Michel, DESJEUX Dominique (dir.), *les Territoires de la mobilité*, Presses universitaires de France, 2000.

BOURDIN Alain, *la Question locale*, Presses universitaires de France, 2000.

CAMPBELL Scott, FAINSTEIN Susan S. (eds), *Readings in Planning Theory*, Blackwell Publishers, 2001.

CAMPBELL Scott, FAINSTEIN Susan S. (eds), *Readings in Urban Theory*, Blackwell Publishers, 2001.

CASTELLS Manuel, *la Société en réseaux*, 3 volumes, traduction française, 1998 et 1999, éditions Fayard. Vol. 1 : « L'ère de l'information » ; vol. 2 : « Le pouvoir de l'identité » ; vol. 3 : « Fin du millénaire ».

CRANG Mike, CRANG Phil, MAY Jon, *Virtual Geographies. Bodies, space and relations*, Routlege, 1999.

DECKKER Thomas (ed.), *Modern City Revisited*, Spon Press, 2001.

DUPUY Gabriel, *l'Urbanisme des réseaux*, Armand Colin, 1992.

DUPUY Gabriel, *la Dépendance automobile. Symptômes, analyses, diagnostic, traitements*, Anthropos, 1999.

GIDDENS Anthony, *the Third Way. The Renewal of Social Democracy, Polity Press*, 1998.

GRAHAM Stephen, MARVIN Simon, *Splintering Urbanism*, Routledge, 2001.

HALL Peter, *Cities in Civilization*, Phoenix Press, 1999.

HEALEY Patsy, CAMERON Stuart, DAVOUDI Simin, GRAHAM Stephen, MADANI-POUR Ali, *Managing Cities. The New Urban Context*, Wiley and sons, 1995.

HEALEY Patsy, KHAKEE Abdul, MOTTE Alain, NEEDHAM, Barrie (eds), *Making Strategic Spatial Plans*, UCL Press, 1997.

HEALEY Patsy, *Collaborative Planning*, Palgrave, 1997.

HERVIEU Bertrand, VIARD Jean, *Au bonheur des campagnes*, l'Aube, 2001.

JOUVE Bernard, LEFÈVRE Christian (dir.), *Villes, métropoles. Les nouveaux territoires du politique*, Anthropos, 1999.

KOOLHAAS Rem *et alii*, *Mutations*, Actar, 2001.

MADANI-POUR Ali, HULL Angela, HEALEY Patsy (eds), *the Governance of Place*, Ashgate Publishing, 2000.

MASBOUNGI Ariella (coord.), *Fabriquer la ville. Outils et méthodes. Les aménageurs proposent*, la Documentation française, 2001.

MITCHELL William, *E-topia. « Urban life, Jim – but not as we know it »*, MIT Press, 1999.

MONGIN Olivier, *Vers la troisième ville* (préface de Christian de Portzemparc), Hachette, 1995.

OBADIA Alain, *Entreprendre la ville. Nouvelles temporalités, nouveaux services*, l'Aube, 1997.

ORFEUIL Jean-Pierre, *Stratégies de localisation. Ménages et services dans l'espace urbain*, la Documentation française, 2000.

PAQUOT Thierry *et alii*, *Ville : l'état des savoirs*, la Découverte, 2000.

SEGAUD Marion, BONVALET Catherine, BRUN Jacques, *Logement et Habitat : l'état des savoirs*, la Découverte, 1998.

SIEVERTS Thomas, *Zwischenstadt : zwischen Ort und Welt, Raum und Zeit, Stadt und Land*, Braunschweig, 1997.

SLEVIN James, *the Internet and Society*, Polity Press, 2000.

URRY John, *Sociology Beyond Societies. Mobilities for the twenty-first century*, Routledge, 2000.

VELTZ Pierre, *le Nouveau Monde industriel*, le Débat-Gallimard, 2000.

VELTZ Pierre, *Mondialisation, villes et territoires. L'économie d'archipel*, Presses universitaires de France, 1996.

WACHS Martin, CRAWFORD Margaret (eds), *the Car and the City. The Automobile, the Environment, and Daily Urban Life*, the University of Michigan Press, 1992.

WHEELER James O., AOYAMA Yuko, WARF Bareny, *Cities in the Telecommunications Age. The Fracturing of Geographies*, Routledge, 2000.

Table des matières

Extrait du catalogue

l'Aube poche essai

Daniel Cohen, *Chroniques d'un krach annoncé*
Ernst-Robert Curtius, *Essai sur la France*
Pascal Dibie, *Le village retrouvé*
Jean-Paul Fitoussi, *L'idéologie du monde. Chroniques d'économie politique*
Xavier Gizard (dir.), *La Méditerranée inquiète*
Bernard Kayser, *Ils ont choisi la campagne*
Jean Kéhayan, *Mes papiers d'Arménie*
Stetson Kennedy, *Introduction à l'Amérique raciste*
Ettore Lo Gatto, *Le mythe de Saint-Pétersbourg*
Ki-Zerbo, *À quand l'Afrique?*
Kou Houng Ming, *L'esprit du peuple chinois*
Philippe Lacoue-Labarthe et Jean-Luc Nancy, *Le mythe nazi*
Hervé Le Bras, *Le sol et le sang*
Les dossiers du *Monde*, *Comment va la France?*
Les dossiers du *Monde*, *Staline une barbarie moderne*
Gérard Mendel, *De Faust à Ubu – sur la formation de l'individu moderne*
Juliette Minces, *La génération suivante*
Bernard Morel et Frédéric Rychen, *Le marché des drogues*
Edgard Pisani (dir.), *Pour une agriculture marchande et ménagère*
Daryush Shayegan, *Le regard mutilé. Schizophrénie culturelle :*

pays traditionnels face à la modernité

Jean Viard, *La société d'archipel ou les territoires du village global*

Jean Viard, *Le sacre du temps libre. La société des 35 heures*

Hervé Vieillard-Baron, *Banlieue, ghetto impossible*

Immanuel Wallerstein, *L'après-libéralisme. Essai sur un système-monde à réinventer*

l'Aube poche littérature

A Cheng, *Perdre son chemin*

A Cheng, *Les trois rois*

A Cheng, *Injures célestes*

Idriss al'Amraoui, *Le paradis des femmes et l'enfer des chevaux*

Kebir M. Ammi, *Thagaste*

Robert Barrat, *Un journaliste au cœur de la guerre d'Algérie*

Karima Berger, *L'enfant des deux mondes*

Michel Bernardy, *Le jeu verbal, ou traité de diction française à l'usage de l'honnête homme*

Maïssa Bey, *Au commencement était la mer*

Bernard Le Bovier de Fontenelle, *Entretiens sur la pluralité des mondes*

Gérard Chaliand, *La marche têtue*

Émile Copfermann, *Les patries buissonnières*

Duong Thu Huong, *Histoire d'amour racontée avant l'aube*

Duong Thu Huong, *L'embarcadère des femmes sans mari*

Ali Erfan, *Le dernier poète du monde*

Ali Erfan, *La route des infidèles*

Ali Erfan, *Les damnées du paradis*
Ilo de Franceschi, *Écrivez-moi, Madeleine*
Miles Franklin, *Ma brillante carrière*
Miles Franklin, *Le pays d'en haut*
Gao Xingjian, *La montagne de l'âme*
Gao Xingjian, *Le Livre d'un homme seul*
Gao Xingjian, *Une canne à pêche pour mon grand-père*
Gao Xingjian, *La raison d'être de la littérature*
Aurélio Grimaldi, *Les putes*
Dimìtris Hadzis, *La fin de notre petite ville*
Han Shaogong, *Pa Pa Pa*
Václav Havel, *L'amour et la vérité doivent triompher de la haine et du mensonge*
Václav Havel, *Lettres à Olga*
Václav Havel, *L'angoisse de la liberté*
He Jiahong, *Le mystérieux tableau ancien*
Ho Anh Thai, *L'île aux femmes*
Zora Neale Hurston, *Une femme noire*
Zora Neale Hurston, *Spunk*
Nìkos Kokàntzis, *Gioconda*
Kim Lefèvre, *Retour à la saison des pluies*
Kim Lefèvre, *Métisse blanche*
Didier Leroy, *La sagesse afghane du malicieux Nasroddine*
Nikolaï Leskov, *Le paon*
Franck Magloire, *Ouvrière*
Falih Mahdi, *Le conte des mille et une vies*
Naguib Mahfouz, *Le voyageur à la mallette*
Sayd Bahodine Majrouh, *Le voyageur de minuit*
Louis Maspero, *Une île au bord du désert*
Georges M. Mattéi, *La guerre des gusses*
Youcef M.D., *Le mauvais œil*

Anna Moï, *L'écho des rizières*
Mounsi, *La noce des fous*
Mounsi, *La cendre des villes*
Mudrooroo, *Le maître du rêve-fantôme*
Nguyên Huy Thiêp, *Un général à la retraite*
Nguyên Huy Thiêp, *Le cœur du tigre*
Nguyên Huy Thiêp, *Les démons vivent parmi nous* (hors commerce)
Nguyên Huy Thiêp, *La vengeance du loup*
Nguyên Huy Thiêp, *L'or et le feu*
Nguyên Huy Thiêp, *Conte d'amour un soir de pluie*
Nguyên Khac Truong, *Des fantômes et des hommes*
Nguyên Quang Thiêu, *La fille du fleuve*
Nguyên Quang Thiêu, *La petite marchande de vermicelles*
Christine Ockrent, *Portraits*
Karel Pecka, *Passage*
J.J. Phillips, *Mojo Hand*
Jean Vincent Pioli, *Pain sans chocolat*
Pedro Pizarro, *La conquête du Pérou*
Pernille Rygg, *L'effet papillon*
Pernille Rygg, *La section dorée*
Yveline Stéphan, *Élise B.*
Su Tong, *Riz*
Jérôme et Jean Tharaud, *La fête arabe*
To Hoai, *Les aventures de Grillon*
Vân Maï, *Gens du saule*
Vu Bao, *Le héros qui pissait dans son froc*
Wei-Wei, *Fleurs de Chine*
Wei-Wei, *La couleur du bonheur*
Spôjmaï Zariâb, *La plaine de Caïn*

Achevé d'imprimer en mars 2004
sur rotative par l'imprimerie Darantiere, 21800 Quetigny
pour le compte des éditions de l'Aube
Le Moulin du Château, F-84240 La Tour d'Aigues

Numéro d'édition : 908
Dépôt légal : avril 2004
N° d'impression : 24-1459

Imprimé en France